If you know psychology, the restaurant will succeed

심리학을 알면 음식점이 성공한다

이경호 지음

율도국

프롤로그

우리는 누군가를 보고 이유 없이 좋다. 이유 없이 싫다, 이런 기분을 자주 느끼곤 한다.

정말 이유가 없는 걸까?

아닐 것이다. 다만 우리가 의식하지 못할 뿐인 것이다.

그 이유는 그 인물 또는 사물의 좋고 싫음이 의식 레벨이 아니라 무의식적 레벨에서 이루어졌기 때문이다.

그렇다면 무의식적으로 좋은 이유, 싫은 이유는 어떤 원인에 의해 작동될까?

또 북의 김정은과 미국의 트럼프 대통령이 만났을 때 누가 먼저 손을 내밀고 악수를 리드했는지, 그리고 정상회담의 자리 배치나 수행원의 위치, 그들이 입고 있는 옷은 왜 중요하며 무엇을 나타내는 것인가?

장사로 돌아와 왜 고객은 자꾸 구석 자리를 선호하고 전망 좋은 창가 자리를 선호할까?

폐쇄된 주방의 음식점 구조보다 오픈된 주방의 구조를 고객들은 왜 더 선호할까?

마술사들은 왜 연미복을 입을까?

왜 매장에 불이 나면 대박이 난다고 했을까?

매장 간판디자인에 따라 어떤 곳은 들어가고 싶은 욕구가 생기고 어떤 곳은 궁금하지 않은 이유가 무엇일까?

고객의 행동을 관찰하고 분석하면 고객이 무엇을 원하는지를 알지 않을까?

이 부분을 자세히 설명하려면 사람의 무의식에 관한 전반적인 이야기를 해야 할 것이다.

간단하게 무의식에 관한 설명을 하자면 다음과 같다.

우리의 무의식은 생존과 번식에 연결된 것이면 강하게 나타난다.

엄마를 닮은 여자를 보면 그냥 끌리는 이유는 우리를 태어나게 해주시고 길러주신 생존과 연결되어 있기 때문이다.

진화 심리학적으로 이야기하면 의술이 발달하기 전 원시시대에는 건강하지 않고 전염병에 걸린 여자를 만나면 임신과 출산 후 생존 확률이 낮아지기에 건강한 여자를 찾았을 것이다.

하지만 따로 확인할 방법이 없어서 아마도 여성의 피부나 모발 등을 봤을 것이고 그래서 현대에 와서도 피부가 안 좋고 모발이 거친 여성보다 피부가 매끈하고 모발이 윤기 있는 여성에게 매력을 더욱 느낄 것이다.

추가하자면 현재도 긴 생머리의 여성을 좋아하는 이유는 원시시대에는 머리 긴 여성이 적어도 머리를 기를 동안 몇 년간은 건강했다는 증거를 나타내기 때문이다.

또 무의식은 축적되고 반복 경험되면 나타난다. 즉 과거부터 계속 진행되고 축적되어진 것들은 무의식적으로 나타난다는 것이다.

만취 상태여서 필름이 끊겼지만 집은 무사히 잘 찾고, 우연히 찾아 간 곳이 과거 연인과의 데이트 장소였던 경험도 있을 것이다.

또한 운전대를 처음 잡을 때는 긴장하고 사방을 주시하지만 오랜 기간 동안 운전을 한 운전자들은 다른 생각을 하면서도 자동적, 무의식적으로 몸이 반응하여 운전을 하기도 한다.

필자는 오랜 기간을 프로마술사로 활동하고 다년간 최면술을 공부했으며 오랜 기간 장사를 해왔다.

자연히 관심과 필요에 의해 행동 심리, 진화심리학에 심취했으며 직업이며 좋아했던 이 모든 것들을 정리하는 차원에서 이 책을 쓰게 되었다.

마술, 최면, 행동심리, 진화심리는 모두 무의식을 기반으로 이야기 한다.

이를 기반으로 장사와 무의식에 관한 이야기가 이 책에 기술되어 있다.

이 책이 누군가에게 작게나마 도움이 되길 바라는 마음으로 지금부터 긴장하고 경건한 마음으로 이 책을 시작해 볼까 한다.

끝으로 사랑하는 부모님과 지안, 아인, 지아에게 이 책을 선물합니다.

이경호

목차

1. 매장 만들기 심리학

2층보다 1층 매장이 좋은 이유 10
- 비싼만큼 값을 한다

전망 좋은 스카이라운지 식사비가 비싼 이유? 18
- 성 위에 있는 나는 안전하다

공간 구성의 심리학적 비밀 22
- 혼밥족은 사실 외롭다

오픈 주방으로 해야 하는 이유 28
- 〈냉장고를 부탁해〉 요리는 전부 맛있다

간판, 광고물 제작 심리학 34
- 무의식 관점으로 상상하고 상상해라

전문점으로 가야하는 이유 44
- 선택 장애는 의외로 많다

업종 선정의 심리학 50
- 음식은 배 고파서 먹을까 마음이 고파서 먹을까

2. 고객 서비스 심리학

고객을 내 마음대로 요리하는 법 56

실패 없는 메뉴 추천법 66
- 나는 의사이고 너는 환자

서비스는 언제 주어야 하나? 74

- 고객의 발 끝은 고객의 마음이다

고객은 왕이 아니다 밀당해야 할 애인이다 78

- 무조건 잘해 주지 말라

블랙 컨슈머 대처하기 81

- 지도는 영토가 아니다

부정적 이미지를 가진 고객의 마음을 되돌리는 비법 90

- 고객에게 닻을 내려라(앵커링)

단골 고객 만드는 무의식 서빙법 93

고객을 만족시키는 최면술 107

- 고객을 상상하게 하라. 고객은 정육업자가 아니다

손님 기억하여 단골 늘리기 112

- 아는 척 하기

3. 매장 운영 심리학

줄 서는 매장은 오로지 맛 때문일까 118

- 줄 서면 줄 선다

놀이동산 같은 매장은 자주 찾는다 130

- 긍정 촉발기제(트리거)

조리복을 입으면 조리사가 된다. 136

 - 슈퍼맨은 슈퍼맨 복장을 입어야 힘이 나온다

4. 음식 맛의 심리학

'맛있다'는 진정한 의미는? 142

음식은 입이 아닌 눈으로 먹는 것이다 145

7

- 음식과 시체, 그리고 시각화

맛은 세뇌 학습이다 150

  - 혀는 바보

맛과 서비스, 무엇이 더 중요할까 158

- 과정이 중요한 매장

5. 식당 운영 심리학

이웃 사장과 분쟁조정 심리학 164

- 진짜 목적은 이기는 것이 아니다

버틸 것인가, 변화할 것인가 169

직원 파이팅 시키기 173

- 작은 것부터 시작한다

장사와 미신 이야기 181

장사 고수가 되는 방법 191

- 일상이 판매

사장으로 습관 들이기 194

- 상상한 모습이 나다

고객과의 눈 높이를 맞춰라 198

- 마술사의 공연준비와 자영업의 오픈 준비

생존이냐, 성장이냐 201

- 당신은 위대하다

1. 매장 만들기 심리학

2층보다 1층 매장이 좋은 이유

- 비싼만큼 값을 한다

학창 시절을 떠올려 보면 등, 하교길에 스쳐 지나가며 우연히 보았던 내 스타일의 이성이 한 명쯤은 다들 있었을 것이다. 그 이성을 또 보고 싶어 그 우연히 만났던 장소, 거리를 다시 몇 번이고 가보기도 한다. 그리곤 자연히 시간이 흘러 졸업을 하게 되고 학창 시절은 기억 속에서 점점 흐려지게 되지만 몇 년이 지나 우연히 그 이성과 마주하게 되도 우리는 그 이성이 또렷이 기억이 나는 경우가 있다.

강렬했기 때문이다.

자! 이제 다시 과거로 가 그 아름다운 여학생 옆에 같이 다니던 친구들, 그리고 매일 스쳐 지나가던 학교 친구들, 거리 행인들은 우리의 기억 속에 없는 것일까?

아니다. 우리의 의식은 못 보았어도 우리의 무의식은 전부 보고 있고 장기 기억 속 어딘가에 저장되어 있다.

　강렬했던 그 이성의 첫 인상에 가려져 있어 우리의 의식은 그 옆 다른 사람들을 인식하지 못했어도 우리의 무의식은 보고 저장한 것이다.

　이런 기억이 있을 것이다.

　분명 처음 보았는데 왠지 낯이 익어 말을 해보니 학창시절을 같은 동네에서 보냈거나 무언가 갑자기 먹고 싶은 음식이 있는데 그것을 파는 장소가 떠올려진다거나 이런 경험을 한 적이 있을 것이다.

　우리 무의식 속의 장기 기억은 마치 큰 도서관의 수많은 책처럼 저장 되어있고 정체되어 있어서 활성화 되어 있지 않을 뿐이다.

　도서관에서 책을 꺼내듯 우리는 인출 단서를 통해 무의식 속에 저장된 기억을 의식 레벨로 활성화시키는 것이다.

　기억을 점화시키고 꺼내는 방법은 다양한데 우리의 감각기관을 이용하기도 한다.

　우리는 다양한 감각 기관을 통해 사물을 인식하고 저장하는데 후각 역시 의식하지 못했던 냄새가 저장되어 있다가 갑자기 나타나기도 한다.

　어떤 여성을 만났는데 굉장히 명랑하고 밝은 느낌이 들어 호감을 가졌다 치자. 남성은 그 여성의 외모나 말투, 성격, 행동 때문에 밝은 느낌이 들어 호감을 가졌다 하겠지만 실제로는 그 여성이 사용한 향수 때문일 수도 있다.

그 남성이 어렸을 때부터 같이 놀고 자란 옆집 누나가 있는데 그 누나의 성격이 매우 밝고 쾌활해서 남모르게 흠모 했었고 그 누나가 항상 그 향수를 뿌리고 다녔던 것이었다.

그래서 그 향수와 감정이 결합되어 나타난 것일 수도 있다는 것이다.

일종의 **프라이밍 효과**인 것이다.

* 프라이밍 효과- 시간적으로 먼저 떠오른 개념이 후에 제시되는 자극과 지각 해석에 영향을 미치는 현상

저장되어 있고 비활성화 되어있던 기억이 향수를 통해 내 감각기간인 후각으로 시작되어 활성화되어 나타나는 것이다.

길을 가다 고소한 냄새가 나서 갑자기 어렸을 적 먹었던 그 무언가 먹고 싶어지고 기분이 좋아지는 그런 현상인 것이다.

또한 심리 최면이나 마케팅에서 쓰이는 **서브리미널 효과**라는 게 있다.

* 서브리미널 효과 – 쉽사리 인지하기 힘든 무의식적인 자극(음향, 도형, 음악 등)을 제시함으로써 인간의 잠재의식에 영향을 가하는 것이다. 대표적 실험으로, 미국의 한 영화관에서 영화 중간 중간에 인지하기에는 너무 짧은 순간에 콜라 마셔, 팝콘 먹어 라는 단어를 삽입했더니 콜라와 팝콘 판매량이 증가했다 한다.

우리는 이런 서브 리미널 기법을 PPL 광고(드라마에서 브랜드 의상이나 소품을 간접적 의도적 노출)나 정치 선동, 치유나 세뇌음악 등에 사용하고 간접 최면인 **임베디드 커멘드** (잠입 명령어)등에도 사용한다.

* 임베디드 커멘드 (잠입 명령어) – 최면에서 자주 사용하는 기법으로 일반 대화 속에서 자연스럽게 숨어 있는 명령어.

의식으로 인지하지 못하는 순간이나 대화 기법 등에 의도하는 바를 각인시키는 것이다.
　우리가 매일 출근길에, 시야에 보이는 모든 간판을 의식적으로 전부 외우고 다니진 않을 것이다.
　하지만 시야를 통해 순간적이라도 들어온 사물은 우리 무의식 어딘가에 장기 저장된다. 그리곤 어떤 자극이나 인출 단서를 통해 의식 수면 위로 올라온다.
　길을 가다 매콤한 냄새가 나거나 TV 속에서 매운 음식을 먹는 장면이 나오거나 친구가 떡볶이를 먹으러 가자고 하면 그때 갑자기 동네 어디선가 보았던 떡볶이 집이 떠올려지는 것이다. 냄새, 시각이라는 자극이 떡볶이라는 인출 단서에 의해 무의식 속 기억이 의식 위로 올라오고 떠올려 지게된 것이다.

　이런 현상은 청각 또한 적용된다.

칵테일 파티 효과를 예를 들어 보자면 어떤 단체모임에서 가까이에 있는 무리들과 이야기를 재미있게 하고 있으면 다른 무리 사람들이 하는 이야기는 잘 들리지 않는다. 하지만 그때 어느 쪽에선가 내 이름이 나오면 갑자기 그 이야기가 들리게 되는 것이다.

또 다른 예로 카페에서 공부를 할 때 집중이 되면 책 내용만 보이고 흘러나오는 음악은 우리 의식인지에서는 배제되고 무의식 속에서만 받아들여진다. 그러다 갑자기 좋아하는 음악이 나오면 내 의식이 다시 음악을 인지하게 되고 음악 감상을 의식체계에서 하게 되고 심지어 따라 부르게 되는 것이다.

이렇듯 다양한 감각기관을 통해 우리의 무의식은 인식하고 있는 것이다.

참고로 이렇게 다양한 감각 기관으로 의식적, 무의식적으로 자주 노출되면 **단순노출 효과**에 의해 호감도가 상승하게 되고 방문하고 싶어지는 순기능도 있다. 일종의 자주 보면 정들고 구관이 명관이라 할 수 있는 효과라 말할 수 있다.

* 단순 노출효과-자주 노출된 자극에 대해 긍정적 태도를 보이게 되는 현상. (에펠탑 효과, 연예인들의 카메라, 맛사지)

단순노출 효과는 인간의 진화 과정에서도 큰 의미가 있다.
어떤 대상을 처음 만나면 우리는 경계를 한다. 그 이유는 그 대상이 우리를 공격하거나 이롭게 하지 못한 행동을 할 수 있다는 가정을 두고 생각하기 때문이다.

그 후 그 대상이 우리를 해치지 않고 이롭다는 판단을 내리면 경계를 해제해 나간다. 그래서 단순 노출 효과는 본능적으로 안전이라는 프레임 속에서 우리에게 남아 있는 것이다.

자 이제 본론으로 돌아와 1층 매장의 장점은 우리 시야 높이와 같기에 시각적으로 들어오기 편하고 무의식 속 장기 기억에 노출이 쉽고 우리가 걸어다니는 인도와 밀접한 1층 매장은 후각과 청각 역시 접근성이 좋다.

즉 좋은 상권의 1층 매장과 주택 상권의 지하 또는 높은 층 매장은 마치 시청률 높은 드라마 속의 PPL 광고와 시청률 낮은 광고의 차이와 똑 같다.

길을 가다가 접근성 좋은 1층 소고기집 매장의 숯불 냄새, 떡볶이집의 튀김 냄새, 어느 매장에서 흘러나오는 음악을 우리는 전부 인지하지는 못한다. 하지만 우리의 무의식은 저장하고 있는 것이다.

그리고 이렇게 여러 감각 기관을 통해 매장이 인식되어 지고 자주 노출되면 단순노출 효과에 의해 우리의 매장의 호감도는 상승하게 된다.

무의식 속에 좋은 느낌으로 저장되어 있는 매장을 어떤 상황과 어떤 자극에 의해 끄집어내게 되어 기분 좋게 그곳으로 향하게 되는 것이다.

이것의 1층 매장의 무의식적 장점이다.

당연히 1층 매장의 임대료가 2층 매장의 임대료보다 비싸다. 하지만 그 효과는 배가 되니 참고하기 바란다.

일반적으로 1층 매장의 월 임대료가 200만원이라 하고 2층 매장의 임대료가 100만원이라 하자. 그렇다면 손님 수나 매출액도 같은 비율이 되어야 하지만 실제로는 3~4배 차이까지 날 수 있다.

자본이 없거나 월 고정비를 줄이려고 2층 매장으로 정하는 경우가 있는데 다시 한 번 심사숙고하기 바란다.

월 지출이 더 나가더라도 1층으로 정하는 것이 낫다.

계단은 고객에게 큰 장벽이다. 계단까지 올라가는 수고를 들이고 식사를 하려면 그에 맞는 어떤 댓가가 있어야 한다. 전망이 좋다든지, 분위기가 특별하다든지.

그렇지 않으면 고객들은 쉽사리 계단을 올라가지 않는다. 고객에게 계단은 큰 산이나 마찬가지이다.

전망 좋은 스카이라운지 식사비가 비싼 이유?

- 성 위에 있는 나는 안전하다

음식과 더불어 음료나 술을 파는 곳은 굉장히 많다.

편의점에서의 맥주, 삼겹살집에서의 맥주, 고층 스카이라운지의 맥주, 다 같은 양이면서 동일 브랜드라 치자. 이중 아마도 1병의 맥주 가격으로 가장 비싼 대가를 치러야 할 장소는 고층 스카이라운지일 것이다.

같은 음식이나 음료를 장소마다 다른 가격을 내고 우리는 아무런 불만 없이 소비하고 만족해 한다.

지금부터 이 부분에 관하여 진화심리학적 관점으로 이야기해 보겠다.

현재의 인류는 과거로부터 치열한 경쟁 속에서 살아남은 가장 우수한 유전자를 지니고 있으며 생존과 안전, 번식을 위한 흔적이 인간의 유전자 또는 무의식에 저장 되어있다.

만약에 당신이 아무도 없는 커다란 사막이나 초원 위에서 오늘 하루 지내야 한다고 하자. 아마 당신은 오늘 저녁 잠을 청하지 못할 것이다.

무언가 이유 없이 왠지 불안하고 초조하고 불편할 것이다.

그런데 만약 신문지를 깔고 종이 박스들로 가림막을 설치하면 아무 것도 없을 때보다는 조금은 안정감이 있을 것이고 여기에 더해 가벼운 소재의 지붕까지 있다면 더욱 편안함을 느낄 것이다.

그리고 그 가림막과 지붕 소재가 종이가 아니라 나뭇가지 → 통나무 → 벽돌, 이런 식으로 바뀐다면 더욱 더 안락함을 느낄 수 있을 것이다.

군대에서 야외 훈련을 할 때 땅을 파거나 텐트를 치고 숙영을 하는 경우가 있는데 계급별 잠자리를 생각해 보면 잘 알 수 있다.

인류는 과거부터 적이나 맹수들과 투쟁을 항시 했을 것이고 은신처를 꾸릴 때 사방이 오픈된 곳보다 나를 보호하고 가려줄 공간에서 더욱 안정을 느꼈을 것이다. 이런 무의식이 우리에겐 계속 잔존해 있는 것이다.

더불어 인간은 평지보다는 적이 공격하기 어려운 높은 곳을 선호하기도 한다.

그래서 콘서트장이나 사람이 많은 곳에서는 일반적으로 높은 자리를 선호한다.

그리고 카페나 음식점에서도 안정감 있는 기둥이나 벽 쪽, 그 중에서도 안정감 있는 룸타입을 가장 선호한다.

어쩌면 인간은 높은 곳, 사방이 뚫려 있어서 나는 남을 볼 수 있지만 남은 나를 볼 수 없는 공간을 가장 선호한다고 볼 수 있다.

호텔 전망 좋은 스위트룸과 스카이라운지가 바로 이런 곳이다.

즉 그런 공간에서 잠을 자고 음식을 먹을 때 비싼 비용을 지불해도 만족해하는 이유는 가장 안락감을 느끼고 인간이 가장 좋아하는 공간이기 때문이다.

인간은 본능적으로 전망 좋고 확 트인 곳을 좋아한다. 하지만 여기서 주목할 포인트는 노출이 되고 확 트인 곳이 아니라 안락한 곳에서 확 트인 곳을 바라보는 나, 라는 점이다.

전쟁 중, 성 위에 서있는 장군이나 원시 시대에 높은 산 위에서 동물을 내려다보며 사냥을 하려는 둘의 공통점은, 적들은 무방비이고 나는 안전한 곳이라는 것이다.

본능적으로 인간은 적에게 노출이 되어 있지 않아 안정적이며 언제든 적을 공격할 수 있는 공간을 선호한다.

무조건 확 트인 공간을 바라보는 것을 좋아할 거 같지만 잘 생각해 보면 배 위에서 하늘에 떠있는 비행기를 바라보는 것보다 비행기 안에서 망망대해에 떠있는 배를 바라보는 것을 더 편안해하고 좋아한다.

고층 오피스텔, 스위트룸, 스카이라운지가 비싼 이유는 명확한 것이다. 본능적으로 선호하기 때문이다.

카페나 식당 좌석을 꾸밀 때 남이 날 바라보는 건 싫고 내가 남을 보는 건 좋아하는 인간의 심리를 이용하여 자리는 안정적이지만 남을 잘 관찰할 수 있는 자리로 꾸며보는 것도 좋다.

마치 스카이라운지나 고층 오피스텔에 있는 기분을 느낄 수 있게 해준다면 고객은 편안함을 느낄 것이고 비싼 비용을 지불해도 불만이 없을 것이다.

공간 구성의 심리학적 비밀

- 혼밥족은 사실 외롭다

혼자 있는 걸 즐기는 사람들이 점차 늘고 있고 혼자 할 수 있는 문화가 점점 늘어나고 있는 추세이다

왜 인간은 함께 해야 하는 사회적 동물인데 혼자 있음을 즐길까?

오랜 연구를 한 진화 심리학 박사들은 인간이 분리에서 해체를 느낄 때 스트레스를 받는다고 한다.

정신은 타인과 교감을 바라지만 우리 몸은 거부를 한다는 것이다.

즉 함께하길 바라지만 혼자이고 싶은 인간이라는 심리기제가 존재한다는 것이다.

이를 바탕으로 이야기해보겠다.

요즘 외식업계의 가장 핫한 트랜드는 아마 혼술, 혼밥족들의

등장일 것이다. 심지어 혼영(혼자 영화보기), 혼행(혼자 여행가기) 까지 등장했다.

그 중 혼술, 혼밥은 이제 하나의 큰 문화가 되었다.

그래서인지 오픈하는 매장마다 우후죽순으로 혼밥과 혼술을 콘셉트로 내세운다.

1인 메뉴의 다양성과 높은 파티션과 칸막이를 세워 독립된 공간을 확보해주고 심지어 룸 형태의 공간을 만들어 놓은 곳도 있다.

더불어 무인 발권기 시스템, 개인 충전단자, 개인모니터 등 편리성을 강조해 그 자리에서 모든 걸 해결할 수 있게 해놓았다.

이 책을 쓰는 기간 동안 이번에 오픈한 필자의 매장도 그런 부분을 반영해 무인 발권기와 혼술, 혼밥 공간을 마련해 놓았다.

그래서인지 의문이 더욱 들었다.

정말 사람들은 정말 혼술, 혼밥을 좋아할까?

뱀, 사자, 바퀴벌레, 귀신 외 여러가지 중 사람들이 가장 두려워하는 건 무엇일까?

그렇다. 바로 혼자다.

그렇다면 혼밥, 혼술을 하는 이들의 심리는 무엇일까?

정말 혼자이고 싶은 건 아마도 아닐 것이다.

혼술, 혼밥을 하는 고객들은 이런 감정의 상태이지 않을까? 아마도 간섭 받지 않은 공간 속에서 관계를 꿈꾼다고나 해야

1. 매장 만들기 심리학

할 거 같다.

그들이 혼밥, 혼술을 하면서 가장 중요하게 생각하는 건 역설적이지만 관계이다.

홀로 앉아 가장 먼저 찾는 것들이 와이파이 비번과 핸드폰 충전 단자이며 쉬지 않고 핸드폰을 만지며 타인의 SNS를 탐닉한다.

이렇듯 사실 외출까지 해서 혼술을 하는 사람의 무의식을 살펴보면 그들은 아무도 없는 공간에서 그 누구도 만나지 않고 혼자 무언가를 먹고 싶은 건 아마도 아닐 것이다. 만약 그렇다면 집에서 무언가를 해먹거나 그것이 귀찮다면 배달음식을 먹을 것이다.

공동체 속의 고독이랄까. 조직 속에는 있지만 간섭받기 싫은 이중적인 무의식이 반영된 것이라 할 수 있다.

  모든 것들이 무인이어서 아무도 만날 수 없고 너무 독립된 룸과 파티션의 "너는 혼자다. 그러니 너만 신경 쓰고 밥을 먹고 가렴." 이런 관념이 반영된 과도한 독립형 인테리어보다 어느 정도 **개인영역권**이 확보되지만 다른 사람이나 외부를 확인할 시야가 확보되고 충전기나 동선을 최소화한 편리성이 강조된 인테리어가 혼밥족의 마음을 더 반영한 것 아닌가 싶다.

* 개인 영역권 – 강아지나 고양이가 배설물로 표시하듯 인간도 영역권 심리가 있다. 도서관에서 잠시 외출을 할 때 가방을 놓는다든지 카페에서 아무도 앉지 않을 것 같은 구석에 앉고 공원이나 공공장소 벤치에서 가방을 놓아 옆에 못 앉게 하는 인간의 행동심리.

  공간의 특성과 안정을 느끼는 인간관계의 거리를 추가로 설명을 하고 이 장을 마무리 하겠다.

아래의 예를 들어 생각해보라. 올바른 장소는 어디일지.

1. 오늘 첫 만남 이성과의 저녁약속이 있다. 어디로 갈까?

2. 오늘 인테리어 사장님과의 저녁 약속이 있다. 어디로 갈까?

3. 오늘 친한 친구와 가볍게 저녁을 하며 술을 한 잔 하기로 했다. 어디로 갈까?

반대로 여러분의 매장에 1, 2, 3번 중 어떤 형태의 고객이 당신 매장에 매출을 올려줄 타킷 고객인지 생각해보라.

만약 당신이 운영하는 매장이 가성비 좋은 햄버거를 파는 매장이라면 아마도 주로 오래된 연인이나 어린 친구들끼리 올 것이다.

이런 곳은 큰 테이블이나 쇼파 의자를 사용할 필요는 없는 것 같다.

작은 테이블 또는 어쩌면 대면하는 테이블이 아닌 나란히 앉아서 먹는 형태도 괜찮다. 즉 친해서 가깝게 앉아서 먹어도 된다는 것이다.

회전률을 높일 수 있게 조금은 덜 안정적이고 차갑게 인테리어를 하는 것도 괜찮을 것이다.

반대로 고급 레스토랑이나 고급 한정식 집은 당연히 편안하고 고급스럽게 인테리어를 해야 할 것이다.

그리고 이 곳에 온 고객들은 어쩌면 비즈니스 관계이거나 처음 소개를 받는 분들이 많을 것이다. 그래서 너무 가깝게 앉는 테이블이나 의자보다 큰 테이블과 큰 쇼파 형태가 좋다.

참고로 무의식으로 안정감을 느끼는 공적인 거리와 사적인 거리를 정리한 것이 있어서 소개 하고자 한다.

미국의 유명한 인류학자 에드워드 트위첼홀 박사는 네 단계로 나누는 대인관계 거리를 이야기 하였다.

공적인 거리 : 3-7 미터 (처음 보는 낯선 사람이 3미터 안으로 온다면 경각심이 일어난다.)

사회적 거리 : 1-3 미터 (일반적인 업무나 사회활동을 위한 유지거리.)

사적인 거리 : 1-50 센티 (가깝고 친한 사이의 거리.)

친밀한 거리 : 50 센티 미만 (가족이나 부부.)

창업할 매장의 주 수요층과 주 타켓 고객층을 조사해서 메뉴가 정해지고 컨셉을 잡고 난 후 위의 내용을 생각하여 좌석 배치나 파티션을 나누고 참고하여 진행하면 도움이 될 것이다.

그렇다. 사실 혼밥족은 혼자 있고 싶은게 아니라 굉장히 외롭다!

오픈 주방으로 해야 하는 이유

- 〈냉장고를 부탁해〉 요리는 전부 맛있다

보통 최면가나 마술사들이 최면 작업이나 마술을 할 때 제일 먼저 하는 것이 관객, 그리고 내담자와의 일종의 언어적 상징적 계약이다. 이를 최면에서는 최면계약이라 한다.

상담자와 친밀감 교류(라포)를 형성하기 전에 하는 작업이라 할 수 있다.

보통 마술사들은 마술을 하기 전에 본인이 마술사임을 밝히고 진행하는 것이 이와 유사하다.

구체적으로 설명하면, 최면가들이 길 가는 사람 아무나 붙들고 "절 쳐다 보시겠어요?" 하며 바로 슬립! 하면 최면이 걸릴까?

절대 안 걸린다! 마술도 마찬가지다. 아무나 붙들고 카드 뽑으라고 하면 이상한 사람 취급 받는다.

그래서 항상 작업 전에는 "저는 마술사 입니다.", "저는 최면가입니다." 라는 언질과 복장이나 전문가임을 나타내는 징표를 보이고 지금부터 당신에게 무언가를 하겠다는 일종의 상징적 계약을 하는 것이다.

최면상담실을 가면 다양한 자격증과 수료증, 오컬트적인 소품들과 조명이 최면가의 신뢰를 더욱 증폭시켜 주는 것이다.

마술사의 연미복 복장 역시 그런 것이다. 일종의 **후광효과**인 것이다.

* 후광효과 - 어떤 대상이나 사람의 일반적인 견해가 그 대상의 구체적인 특성을 평가하는데 영향을 미치는 현상 (선입관과 유사)

일종의 최면의 **컨빈서**가 작업된 것이다. (컨빈서는 아래에서 따로 설명 하겠다)

자! 이제 TV 프로그램 〈냉장고를 부탁해〉를 보면 연예인 패널들의 냉장고를 직접 가져와서 그 안의 재료들로, 유명한 셰프가 화려하게 요리를 한다.

때로는 재료가 너무 안 좋아 과연 요리가 나올까, 라는 생각이 들기도 한다.

그리고 심지어 그 요리는 15분 안에 해야 한다. 깔끔한 복장과 함께 그들이 국내 유명 셰프라는 것을 우리는 알고 있다.

15분 타임이 시작되면 화려한 퍼포먼스가 시작된다.

소금도 막 위에서 뿌리고 칼질도 화려하게 하고 마늘도 칼로

으깨고 손바닥으로 깨도 부수면서 굉장한 퍼포먼스로 15분 안에 음식을 완성 한다.

마지막으로 예쁘게 플레이팅 해서 음식을 완성시킨다.

그리고 연예인 패널들이 시식을 하면 마치 금단의 사과를 맛본 것처럼 탄성을 자아내며 다양한 미사여구로 극찬을 한다. 먹어본 음식 중 최고라며, 이런 음식은 먹어 본적이 없다며 눈을 감으며 탄성을 내 뱉는다.

궁금하다. 정말일까?

일단 정말 그렇게 맛있는 걸까?

아마도 제 생각에는 정말 그럴 것이다.

오랜 노력과 비기로 검증된 탑 세프의 요리 실력으로 만든 요리는 아마도 맛있을 것이다. 하지만 살을 더하자면 다른 이유도 있다.

그 이유는 그 요리 과정이 마치 넓은 의미의 최면 작업과 유사하기 때문이다

유명한 세프의 후광 효과, 방송의 공신력, **플라시보 효과**까지 있을 것이다.

* 플라시보 효과 - 효과 없는 약을 주었는데 치료가 되는 심리적 요인으로 인해 병세가 호전되는 위약효과.

중간 중간의 화려한 세프의 요리기술, 방송 조명과 카메라, 이 모든 것들이 마치 무대 최면의 원리와 유사하고 최면의 컨

빈서 작용과 유사하다.

그래서 패널들은 맛이 있을 수밖에 없는 넓은 의미의 최면에 들어간 것이다.

넓은 의미의 최면이란 의미를 자세히 기술하고 싶지만 최면가들 사이의 최면 범위에 대한 논란, 그리고 이 책의 주된 주제보다 너무 무거워지고 방대한 양이라는 이유에서 간단히 설명을 해보겠다.

운동을 예로 들어 설명하면 기본적으로 달리기, 수영, 축구, 등 땀 흘리고 힘든 이런 것들을 운동이라 칭하고 있다. 그리고 우리는 누워있거나 가만히 앉아 있으면 우리는 휴식이라 말한다.

사실 그러나 가만히 있어도 우리는 호흡 운동과 소화 운동 등 여러 가지 운동메커니즘이란 측면에서 생체 활동 즉 미세한 운동을 하고 있는 것이다.

생체적 특징으로 보면 넓은 의미의 운동은 방대하나 문화적, 일반적 운동은 격하고 땀 나고 호흡이 빨라지는 이런 것들을 운동이라 한다는 것이다.

적극적, 직접적이냐 간접적, 자연적이냐의 차이에 따라 의미가 나눌 수 있다.

최면 컨빈서 작용의 예는 현대 최면가의 거장인 데이브 엘먼의 제자 제럴드 카인의 케이스를 예로 들어 소개해보도록 하겠다.

다음은 최면가 제럴드 카인의 이야기이다.

제럴드카인이 주유소에서 주차 후 티타임을 갖고 쉬고 있을 때였다. 고물차 한 대가 주유소로 들어오더니 갑자기 차가 푹 퍼져 버린 것이다.

그 퍼져버린 차에는 노부부 둘이 타고 있었다.

할아버지가 할머니에게 뒤에서 차를 밀라고 권유한다. 그래서 할머니가 뒤에서 차를 미는데 그때 갑자기 엔진이 터져서 폭발하고 할머니가 화상과 출혈로 크게 다친 큰 사고 난 것이다.

주변은 불씨가 나돌아 다니고 아수라장이 되어 버린 것이다.

그때 할머니는 엄청난 고통과 함께 공황 상태에 빠진다.

그리고 할아버지도 그 장면을 보고 공황 상태에 빠진다.

그때 주변에 있던 제럴드 카인이 다가가서 뭐라고 하자마자 할머니는 고개를 끄덕거리고 안정을 찾더니 그들은 공황 상태에서 벗어나고 구조대원이 올 때까지 심지어 농담 따먹기를 했다 한다.

- '최면 심리수업' 책 에서 발췌

제럴드 카인은 도대체 어떤 방법을 사용한 것일까?

제럴드 카인은 할머니에게 다가가서 이렇게 말을 했다고 한다.

"저는 의사입니다."

이때 1차적인 컨빈서(확신을 시키는 기술)가 작용되어 할머니는 바로 정신을 차렸다고 한다.

그리고 이런 말을 한다. 즉 신뢰를 주는 제안을 한다.

"이 정도는 괜찮아요. 살 수 있어요. 별로 안 아플 거예요."(최면가의 서제스쳔)

일종의 플라시보효과다. 이때 2차적인 컨빈서가 작용되어 할머니는 매우 고통스러운 경험을 겪었음에도 불구하고 아픔을 느끼지 않게 됐다고 한다.

그리고 할아버지에게도 다가가서 비슷하게 말해서 셋은 구조대원이 올 때까지 웃으며 농담 따먹기를 했다고 한다.

오픈 주방을 해서 전문적 요리과정을 보여주고 조리복을 입는 이유가 명확하다.

고객들에게 컨빈서를 확립시키고 후광 효과를 내서 우리 매장에 자연적, 간접적 최면을 들게 해서 맛있고 전문적인 곳이라는 매장 이미지를 각인시키는 것이다.

고객이 우리의 주방과 매장 세프를 바라보며 신뢰를 느끼는 다양한 최면 현상과 후광 효과로 가득한 매장을 꾸며보길 바란다.

간판, 광고물 제작 심리학

- 무의식 관점으로 상상하고 상상해라

　　매장의 성공 여부는 음식의 맛, 인테리어, 서비스, 여러 가지 요인에 의해 결정되는데 그 중에서도 마케팅 홍보의 중요성은 여러 번 강조해도 부족하다.
　　어떤 방법으로 우리 매장을 알리고 홍보해야 할까?
　　보통 온라인 마케팅(블로그, SNS, 홍보성 기사 등), 오프라인(간판, 현수막, 배너, 개업식) 마케팅으로 나눌 수 있다.
　　오프라인으로 진행할 수 있는 부분 중 옥외 광고물을 이야기하자면 간판, 배너, 현수막, 유리, 선팅지 등이 있다.
　　이런 광고물을 설치하고 제작할 때 무의식 관점으로 어떤 방법과 기준으로 하면 좋을지 이야기해본다.
　　물론 최면이나 심리적 요인이 적용되어 있다.
　　기본적으로 '모든 것들을 상상하게끔 제작하고 표현해라'를 기본으로 한다.

　인간은 뇌의 발달로 인해 현실이 아닌 가상이나 추상적인 것에도 상상을 통해 현실감처럼 이런 작용이 반응하게끔 발달하였다.

　액션영화의 추격 장면을 보면서 현실이 아닌 것을 알면서도 손바닥에 땀이 나기도 하고 놀라기도 한다.

　또 한여름에 집에서 사방이 꽁꽁 얼어 있는 남극을 여러 해 촬영한 다큐멘터리를 보고 왠지 시원해지는 느낌을 가지기도 한다.

　가상의 외부로부터 오는 느낌을 우리의 뇌에 형상화하고 **임장감**이 형성되면 그것을 우리 내부는 진짜로 믿게 되어 신체적 반응이 일어나게 되는 것이다.

* 임장감-마치 현장에 있는 듯한 느낌. 신체와 정신의 일치라는 측면에서 호메오스타시스 가설이라 볼 수도 있고 일종의 최면의 **이데오모터** 현상이라 할 수도 있다.

* 이데오모터 - 의지와 상관없이 무의식에 의해서 일어나는 운동, 상상하고 몰입하면 우리의 근육이 반응한다는 원리. (분신 사바나 최면의 핸드 마그네틱이나 풍선 기법 등)

　실제로 최면을 진행 하다보면 이런 현상들이 나오기도 하고 많은 최면가들이 이런 현상을 경험하고 목격한다.

TV에서 최면 장면을 자극적으로 묘사하며 보여줄 때 내담자가 최면가 앞에서 울거나 웃거나 몸을 떨기도 하는 장면을 본 적이 있을 것이다.

최면가의 가이드에 따라 상상하면 본인은 모르지만 최면 상상 속 움직임대로 몸이 반응하기도 하고 다양한 형태로 나타난다.

자 이제 본론으로 가서 매장 광고물을 만들 때 이런 인간의 기질과 상상의 힘을 이용하고 적용해 보는 것이다.

매장 광고물을 보면 저절로 상상하게끔 만들어 보는 것이다. 즉 파블로프의 개 실험처럼 바로 군침이 나오는 이미지를 넣어 보는 것이다.

<u>복잡하고 추상적인 것보다 현장감 있고 실체감을 느낄 수 있는 이미지, 즉 내 입 안에 들어가서 바로 침이 고이게끔 상상할 수 있는 이미지가 좋다.</u>

<u>고기를 파는 매장은 돼지나 황소 그림보다 맛있게 숯불 위에 육즙 가득한 고기 이미지가 좋다.</u>

<u>일식이나 횟집은 산 물고기의 그림보다 정갈한 접시 위에 맛있게 있는 모듬회 이미지가 더욱 군침을 돌게 한다.</u>

이미지는 직접적인 이미지가 좋지만 문구를 넣을 때에는 직설적인 문구보다 추상적 메타포적인 문구가 우리 뇌를 한 번 더 상상하게끔 만들어 주기에 이런 방법을 추천한다.

우리 매장의 고기는 육질이 뛰어 납니다 → 나쁨

입 안에 넣으면 눈처럼 사르르 녹아요 → 좋음

수많은 전문가들이 만든 TV 속 광고들을 보면 정말 다양한 형태로 인간을 상상하게끔 해서 상품의 구매욕을 높여준다.
이제 이 글을 읽고 TV에서 최면가가 나와 양파를 사과(참고로 양파와 사과의 식감은 유사하다.)라 하고, 냉수를 설탕물이라 하고, 관객에게 최면유도를 해서 시연하는 장면을 보면 조금은 전과 다르게 느껴질 것이다.
결론적으로 말하면 상상과 암시를 통해 만들어지는 것이다.
이러한 현상을 이용해 세뇌나 최면 등 마인드컨트롤에 이용되기도 한다.

참고로 오래된 습관과 관습에 의해 우리 무의식에 자연적 학습되어있는 것들을 전제로 추가적으로 몇 가지 이야기하자면 아래와 같다.

1. 오른손잡이로 우측화 해서 이미지화 해라.

전 세계적으로 오른손잡이가 많다는 전제 아래 광고물 이미지가 좌측보다는 우측화 되어 있는 것이 이미지를 보는 관찰자가 더욱 안정감을 느낀다.

　커피숍의 커피잔 손잡이가 우측에 있는 것이 상대적으로 더 편안하게 느껴지고 스테이크를 파는 매장 광고물 이미지의 포크나이프가 관찰자 입장에서 접시의 우측에 있는 것이 더 안정감이 있게 느껴진다.

2 . 직접 사용하기 편한 이미지를 넣어라.

　밀봉된 치킨 박스안의 치킨보다 바로 시식 가능한 반쯤 열려져 있어서 치킨이 살짝 보이는 이미지가 우리의 뇌를 더욱 자극한다.
　투명한 뚜껑이라도 뚜껑이 닫혀져 테이크아웃 용기 안에 있는 떡볶이보다 뚜껑이 열려 있는 상태의 떡볶이 이미지가 더욱 좋다.
　하지만 그보다 더 좋은 건 무엇일까?
　열려있는 상태에서 포크 한 개가 떡을 찍고 있는 게 더 좋다.

3 . 이미지는 좌측, 텍스트는 우측에 위치하라.

　우리의 뇌는 논리에 용이한 좌뇌와 감정 처리에 능한 우뇌로 되어있다. 이미지 처리에 빠른 우뇌, 언어 처리에 빠른 좌뇌라는 설정 하에 그러하다
　또한 오랜 관습적으로 인해 좌에서 우로 문장을 읽어 먼저 강

조하고 싶은 이미지가 좌에 있는 게 낫다.

4. 상호이미지나 로고는 원과 곡선을 위주로 해라

　매장에 로고나 상호를 이미지화 할 때 원과 곡선을 위주로 하는 게 좋다.
　그 이유는 우리는 무의식적으로 원과 곡선을 좋아하기에 그렇다.
　크고 동그란 눈, 엄마의 가슴, 매혹적으로 굴곡진 이성의 몸매를 보면 우리는 무의식적으로 끌리는 것을 알 수 있다.
　반대로 직선, 각짐, 뾰족함 등은 상대적으로 불편하고 딱딱한 느낌이 든다.
　아마도 무의식적으로 오래된 무기인 창, 칼과 같은 느낌과 더불어 공격적인 느낌이 들어서일 것이다.
　말할 때에도 공격적인 말투면 우리는 날카롭다, 예리하다, 라고 한다.
　만화 캐릭터들도 착한 주인공이나 친구들은 두리뭉실하고 그리고 나쁜 역할이나 악당, 강한 역할의 인물들을 표현할 때에는 각이 있거나 날카롭게 표현한다.
　그래서 강함을 상징해야 하는 야구단, 축구단, 격투기단체 같은 스포츠클럽 로고들은 종종 각진 로고들을 사용하기도 한다.
　반대로 삼성이나 엘지, 벤츠 등 좋은 이미지로 오래 사랑받고 싶은 기업의 로고들은 대부분 원형과 곡선이라는 점이다.

　매장의 로고 역시 이런 관점에서 원이나 곡선을 사용하는 게 좋다.

5. 상호는 심플하게!

　사회가 복잡해지고 정보과잉 시대이다.

　메뉴도 요즘 유행하는 메뉴이고 먹는 방법도 복잡하고 낯선 메뉴이면 더욱더 이름은 심플하게 하는 것이 좋다.

　한 시선에 들어오는 상호가 상대적으로 덜 피곤하게 느껴진다.

　단 누구나 알 수 있는 대중적인 메뉴(떡볶이, 족발, 삼겹살)의 매장에서 차별성이나 고급 이미지를 위해 상호를 길게하는 건 예외이며 좋은 방법이다.

6. 부정적 문구보다 긍정 문구를 살려라.

　인간은 이익보다 손실에 굉장히 민감한 반응을 보인다.

　그래서 인간은 길에서 주은 1만원의 기쁨보다 주머니에서 흘린 1만원에 더 짜증을 낸다는 것이다.

　위 사실을 근거로 아래와 같은 사례가 있다고 하자. 당신의 선택은 어떤 것인가?

1) 정부에서 원자력 발전소가 안전하다는 내용을 시민들에게 홍보하려고 한다고 하자. 다음 중 어떤 문구가 긍정적으로 보이는가?

#국내 원자력 발전소의 원전기술은 96%에 가까운 안정성을 확보하고 있습니다.

#국내 원자력 발전소의 원전기술은 4%의 가까운 사고율을 확보하고 있습니다.

둘 중 무엇이 안전해 보이는가?

2) 두 의사가 말기 암환자에게 수술의 위험도를 설명한다고 하자. 각각 의사는 환자에게 다음과 같이 말하였다.

#수술 후 생존 확률이 90%입니다.

#수술시 사망할 확률이 10%입니다.

당신은 어떤 의사에게 수술을 받고 싶은가?

3) a 회사와 b 회사의 콘돔제품 설명 문구이다.

a사 - 관계시 이 콘돔을 착용하면 피임 확률이 99 프로입니다.

b사 - 관계시 이 콘돔을 착용하면 임신 확률이 1 프로입니다.

무엇을 택하겠는가?
사실 위 3가지 이야기는 다른 이야기를 설명 하는 게 아니라 같은 이야기이다.
하지만 우리는 긍정적인 것보다 부정적인 것에 더욱 민감하게 반응을 하고 집중을 한다.
즉 이익보다 손실에 민감하다는 것이다.
필자가 길을 가다 한 음식점에 아래 문구를 써놓은 플랜카드를 본적이 있다.

저희 매장은 수입산 소고기를 사용하지 않습니다.

부정적인 설명보다 긍정적인 설명이 좋다는 전제 하에 이 문구를 어떻게 바꿀 것인가?
바로 그렇다!!

저희 매장은 한우만을 사용합니다.

이런 부분을 아래와 같이 다양하게 적용 할 수 있다.

저희 매장 고추가루는 20% 이하의 중국산을 섞어서 사용합니다.
→ 저희 매장 고춧가루는 80% 이상의 국산을 사용 합니다.

이틀 지난 고기는 사용하지 않습니다.
→ 당일 숙성 고기만을 사용 합니다.

이런 식으로 부정적인 문구를 긍정적인 문구로 바꾸어 사용하는 것이 훨씬 효과적이다.

사람은 상상의 산물이며 생각한 만큼 이루어진다고 하였다. 긍정적인 생각을 위주로 하는 사람은 긍정적으로 보이고 부정적인 생각을 자주 하는 사람은 우울해 보이는 것이다.

운영하는 매장 역시 생각한 만큼 이루어지며 긍정적인 문구나 이미지를 통해 그렇게 보일 수 있는 것이다.

고객이 우리 매장의 간판이나 현수막 내용을 보면 부정적인 요소는 없는지 긍정적인 문구와 안정적인 이미지를 잘 표현했는지 생각하고 염두에 두면 긍정적이고 에너지가 충만한 매장으로 표현될 수 있을 것이다.

전문점으로 가야하는 이유

- 선택 장애는 의외로 많다

무더위가 계속 되고 있다.

컴퓨터 앞에 앉아 있는 필자는 매우 지치고 갈증이 난다. 그래서인지 오늘따라 수박을 먹고 싶다.

우리는 특별한 이유 없이 무의식적으로 무언가를 먹고 싶다는 신호가 강력히 올 때가 종종 있다.

그 무언가가 땡기는 신호는 과연 어디서 오는 것일까?

일단 우리 몸의 생체 기질상 표준 유지를 위한 **호메오스타시스** 현상이라는 측면으로 볼 때 스트레스를 받거나 컨디션이 떨어지고 피곤하면 자극적이고 매운거나 초콜릿 같은 당이 많이 들어간 음식이 우리를 끌어당기곤 한다.

또 무더운 여름에는 땀이 많이 나고 신체의 온도가 올라가서 수분 보충과 신체의 정상 온도 유지를 위해 수분 함량이 높고 차가운 음식이 생각난다.

　여름의 대표 음식인 물회, 콩국수, 빙수, 냉면 등이 그런 것이다.

　또 매서운 추위로 세상이 얼어붙은 한 겨울에는 여름과 반대로 따듯한 음식인 오뎅, 군고구마, 설렁탕이 생각난다.

　그리고 봄이면 냉이나 달래 같은 향긋한 봄나물 요리, 여름이면 시원한 수박이나 참외, 가을이면 새우나 전어 같은 제철에 나는 음식이 먹고 싶어진다.

　이런 제철 음식은 우리 무의식과 신체에 기억되어 그 철에 먹었던 습관이 학습되어 남아있어 그 시기가 되면 나타나는 자연스러운 현상이다.

　그리고 그 계절에 필요한 영양소를 생체기질상 축척하게 된다.

　이제 우리 몸의 생체 기질에 의하든, 무의식적 학습이든 무언가를 먹고 싶다는 욕구가 생기면 우리는 그 무의식 욕구에 대한 답을 정확히 주어야한다.

　그 욕구는 아래의 3가지로 내릴 수 있다.

1. 지금 먹든지
2. 미루든지
3. 그 욕구를 무시하든지

a라는 사람이 오늘 저녁은 시원한 냉면이 땡기네, 라는 무의

식적 욕구가 생겼다고 하자. 아마도 그 이유는 날씨가 매우 덥거나 얼마 전 친구가 냉면을 맛있게 먹었다고 이야기 했든지 또는 TV에서 맛있는 냉면집을 소개하는 장면을 보았던 기억이 무의식에 남아있거나 여러 이유일 것이다.

이제 a는 냉면을 먹기 위해 주위의 냉면 전문점을 떠올려 볼 것이다. 그런데 너무 늦은 시간이라 모든 매장이 마감을 했을 것 같다.

이럴 경우 다시 생각할 것이다. 다른 음식으로 대체하고 나중에 먹거나 아니면 늦게까지 배달하는 배달냉면집을 생각할 거고 그것도 안 되면 냉면 전문집은 아니지만 24시간 분식집의 저렴한 인스턴트 육수 부어주는 냉면이라도 생각할 것이다.

우리는 이제 결정해야 한다. 그리고 그 결과에 만족할 수도 있고 불만족할 수 있다.

다시 천천히 그 이유에 대해 이야기 하겠다.

우리가 단일 메뉴 음식전문점을 선호하는 건 우리에게 저장되어 있던 무의식 기억을 의식 속 인출 단서를 통해 가장 먼저 떠오르게 되기 때문이다.

인출 단서를 설명하면, **피겨라는 인출 단서는 자연적으로 김연아 선수가 떠오르고 냉면 하면 평양냉면, 함흥냉면이 떠올려지게 된다.**

또 우리는 무언가를 먹고 싶을 때 본인의 무의식 속에 체계화되어있는 맛있게 먹었던 음식의 형태를 먹어야 만족해 한다.

만약에 닭발이 먹고 싶다는 욕구가 생겼다. 그가 바라는 건 맛있게 먹었던 기억 속 OO포차의 국물이 있고 끓여먹던 국물 닭발 메뉴이지 무뼈닭발이나 편의점에서 렌지에 돌려먹던 닭발이 아닌 것이다.

만약 사정상 다른 형태의 닭발(타 브랜드업체나 인스턴트 닭발, 통닭발이 아닌 무뼈 닭발 등)을 먹으면 그래서 만족하지 못하고 아쉬움이 남아 또 생각이 나는 것이다.

물론 다른 형태의 닭발이지만 생각보다 더 뛰어난 맛이면 그 음식으로 대체가 될 것이다.

또 많은 결정을 내려야 하는 현대인의 특성상 무언가 생각하고 고르고 싶지 않은 **'선택 피로'**라는 측면에서 **다양한 메뉴를 파는 매장보다 적은 메뉴를 파는 전문점매장을 선호한다.**

우리는 매장 간판을 보고 그곳이 어떤 메뉴를 판매하는 곳인지 인식을 하고 들어간다. 즉 외부에서 **무엇을 파는지가 명확하지 않은 곳보다 무엇을 어떻게 파는지 색깔이 확실한 전문점이 고객의 선택을 받기가 좋은 곳이다.**

참고로 많은 선택지에 놓여 선택 피로도가 높은 현대인들은 메뉴가 많을수록 더 고르기 어려워한다.

어떤 실험에서 시장에 노점을 깔고 한곳에서는 20종류 이상의 잼을 팔았고 다른 쪽에서는 3-4종류 정도의 잼을 팔았다고 한다.

일단 20종류 이상의 잼을 파는 곳 쪽으로 60% 사람이 몰렸고 적은 종류의 잼을 파는 쪽으로는 40% 몰렸다고 한다.

일단 진열대도 크고 볼 것도 많은 20 종류 이상의 잼을 파는 곳이 고객들의 시선 끌기와 모객에는 성공한 듯 하다.

(그런데 만약 잼 종류가 다양한 게 아니라 꿀, 커피, 차 등을 다양하게 팔면 잼 전문점이라는 이미지는 상쇄되어 모객이 낮은 결과가 나올 수도 있다.)

그런데 모객의 결과와 달리 진짜 구매하는 상품 구매율은 잼 종류가 많은 쪽이 4%, 적은 쪽이 40% 정도였다고 한다.

즉 무언가 풍성하고 다양한 것이 있는 곳을 사람은 좋아 하지만 무엇인가를 선택할 때는 보다 전문적이고 선택의 폭이 넓지 않은 곳을 선호한다는 것이다.

아마도 '선택피로'가 높을수록 사람들은 미루고 회피하는 경향이 커지는 것 같다.

즉 고객은 상가가 몇 군데 없는 상권보다 다양한 음식점이 밀집된 번화가를 선호하지만 고객이 선호하는 음식점은 다양한 음식을 파는 곳이 아니라 전문 단일메뉴를 파는 곳일 확률이 높다.

물론 전문점매장은 외부 시선이나 고객의 선호도 뿐만 아니라 내부에서도 다음과 같은 좋은 순기능이 있다.

단일 메뉴 판매에 의한 재료의 회전률과 소진율이 높아져서 재료의 신선도 증가.

\# 재료의 폐기율이 감소된다.
\# 반복 조리에 의한 조리자의 조리 기술 향상도 기대할 수 있다.
\# 단일 재료의 식자재 대량구매로 인해 식자재 원가 하락.

시간이 지날수록 요식업 추세가 다양한 메뉴를 파는 점포보다 단일메뉴, 테마메뉴를 파는 전문점이 늘고 있고 고객들도 선호하고 있다.

감기 걸리면 떠올려지는 CF속 특정 약이 있고 피자를 보면 콜라를 먹고 싶고 상처가 나면 특정 반창고와 연고가 떠오르듯이 고객의 무의식 속에 특정 메뉴가 먹고 싶다는 욕구가 생겼을 때 첫 번째로 우리 매장이 생각나게 한다면 음식점으로는 굉장히 큰 성공을 거둔 것이라 할 수 있다.

업종 선정의 심리학

- 음식은 배 고파서 먹을까 마음이 고파서 먹을까

기본적으로 창업할 때 주변 상권을 분석한다.

주거환경이나 유동인구, 접근성, 유동 인구 동선, 남녀 성비 등을 따져 적합한 업종을 택하여 창업을 한다.

중, 고등학교 앞에서는 비싸고 고급스러운 레스토랑보다는 가성비 좋고 푸짐하게 주는 분식집이 적합할 것이고, 젊은 사람들이 오는 상권은 데이트 메뉴를 파는 것이 적합할 것이며 오피스 상권에서는 점심 장사나 회식을 할 수 있는 메뉴를 파는 것이 적합할 것이다.

음식은 성性 활동과 연결된다.

동물들은 번식기에는 엉덩이가 부푼다든지 울음 소리를 내기도 하고 새들은 깃털을 털거나 부풀려 어떤 신호들을 나타냈다.

그 이유는 동물 자신이 번식기임을 알리고 암컷이나 수컷에게 본인을 뽐내고 싶은 자연적인 현상일 것이다.

어떤 새는 숫컷 새가 벌레를 잡아 암컷에게 선물하면 암컷은 짝짓기를 허락한다.

인간 역시 동물들이 보내는 구애와 같이 이렇게 자신을 알리기 위한 신호를 상대에게 수시로 표현하고 나타낸다.

그 신호는 언어 뿐만 아니라 다른 형태로도 비춰지고 싶은 모습으로 자기를 알리기 위해 다양한 형태로 나타난다.

본인이 타는 자동차, 살고 있는 집, 입고 있는 옷, 달고 있는 악세사리 등 여러 가지를 통해 나타낸다.

우리가 먹는 음식 역시 이와 동일하다.

즉 살기 위해만 먹는 게 아니라는 것이다.

즉 기본적 영양 생존 수단 레벨을 넘어서면 자기 표현 수단으로도 사용된다는 것이다.

보통 사람들은 본인이 먹는 음식을 무의식적으로 자기화 한다.

그 실례로 가난하게 살다 벼락부자가 되면 가장 먼저 바꾸는 것이 사는 집, 타는 차, 입는 옷도 있겠지만 먹는 음식 역시 바꾼다.

평소에는 비싸서 잘 가지 못했던 고급식당을 자주 가게 된다. 이런 과정을 통해 선호 음식이 자연적으로 고급 음식으로 바뀌게 된다.

그 이유는 내가 먹는 음식이 맛이나 영양의 의미도 있지만 먹는 음식에 따라가는 지위 향상, 즉 계급 효과가 존재하기 때문이다.

즉 내가 먹는 음식은 나를 대변하기도 한다는 것이다.

또한 반대로 제공되는 음식이나 음식점을 통해 사람이 바뀌기도 한다.

정갈하게 담겨진 음식을 먹는 사람이 막 담겨진 음식을 먹는 사람보다 더 깔끔히 먹으며 방문한 매장에서도 예의범절을 지킬 확률이 더 높다.

플레이팅 잘된 음식을 수저로 막 파먹지 않을 것이며 그 모양을 오래 유지할 수 있도록 조심히 먹을 것이다.

그런 조심스런 행동과 분위기가 전체적으로 매장 안에 퍼져 조용한 분위기의 매장이 연출될 수 있는 것이다.

고급 식당이 더 조용하고 국밥집이 더 왁자지껄 한 이유이기도 하다.

조용하던 사람이 예비 군복을 입으면 어찌 변하는가를 생각해 보자.

또 음식은 나를 위한 만족과 남에게 어떻게 보여질까, 라는 두 가지 형태를 취한다고 볼 수 있다.

호감 가는 이성과의 첫 데이트에서 저녁 메뉴에 대한 고민, 즉 데이트 장소에 대한 고민들을 남자들은 많이 한다.

그 선택한 저녁 메뉴가 그 남자를 대변해 주고 그 여자를 생각하는 마음 역시 보여주기 때문이다.

여자가 가장 좋아하는 선물은 보석, 명품 가방, 고급 향수 정도일 것이다. 이런 물건들은 어쩌면 가장 가성비 즉 실용성이 없는 물건들이다.

즉 이런 의미 없고 비싸기만한 물건을 내 남자가 나에게 투자했다는 사실이 그 여자로 하여금 그 남자를 더욱더 믿게 하기에 여자들은 이런 선물을 좋아한다.

즉 남자가 나에게 실용성은 없고 뽐내는 가치만 존재하는 이런 물건을 나에게 투자했다는 것은 진화심리학적으로 여자들은 경쟁 상대인 다른 여자들에게 이 남자는 나를 이 정도로 생각하는, 내 남자라는 증표로 내세울 수 있는 것이다. 그래서 그런 물건을 상대 여자에게 과시하고 싶은 욕구가 반영된 것이다.

음식 역시 이런 심리가 동일하게 존재한다.

첫 데이트에서는 보통 본인이 평소 먹던 것보다 고급 음식을 택하는 경우가 많고 가성비를 강조한 서민 음식을 피하게 된다.

그러한 마음이 나를 나타내며 데이트 상대에게 비추어지기 때문이다.

그리고 일반적 진화심리학적으로 남자는 사냥을 위한 체력 비축과 종족 번식, 체력 증진을 위한 음식을 선호하는 경우가 많다.

주로 남자들이 선호하는 음식은 참치, 보양식, 고기류를 선호한다.

반대로 여자들은 사진 찍기 좋게 보기 좋고 스트레스 해소용 음식을 선호한다.

자극적이고 매운 음식과 달고 정갈한 디저트 종류인 닭발, 떡볶이, 케익, 베이커리 같은 것들을 좋아한다.

위와 같은 인간이 나타내는 다양한 심리적 요인을 이용하여 내가 잘하는 음식, 내가 차리고자 하는 자리, 내가 하고자 하는 인테리어 등 여러 가지를 생각하여 가장 알맞은 창업을 해보기를 바란다.

또한 주거 인구의 분포도, 남녀 성비, 지역 경제의 높낮이와 데이트 코스 상권인지 오피스 상권인지 소비 주체가 남자인지 여자인지를 고려하여 알맞은 메뉴와 분위기로 꾸며 누구에게 팔지를 생각해보자.

마지막으로 아래의 이야기로 마무리 해보겠다.

당신이 오늘 먹은 것을 이야기해보라. 그러면 나는 당신이 누구인지 말해주겠다.

- 장 앙텔름 브리야사바랭 (프랑스 법관이자 미식가)

2. 고객 서비스 심리학

고객을 내 마음대로 요리하는 법

매장에 온 고객의 행동을 보고 그들의 마음을 조금이라도 알 수 있다면 얼마나 좋을까.

완벽하지 않을 수도 있고 틀릴 수도 있지만 고객이 보내는 작은 신호를 우리는 무시해서는 안 되는 것이다.

관찰은 관심이다. 지금부터 고객을 항상 주시하고 바라보는 것이다. 그것이 관심의 시작이다.

고객의 마음을 읽고 심리를 조정하는 법을 시작해 보겠다.

첫 번째, 리더를 찾고 추천 메뉴를 암시하라.

운영하는 매장에 온 고객 중 누가 메뉴를 선택할지를 미리 알고 그에게 내가 팔고자하는 추천 메뉴를 판매할 수 있다면,

이란 전제로 시작해본다.

　매장 문을 열고 5명의 남자가 들어오고 있다. 나는 이 중에서 리더를 찾을 것이다.

　5명의 남자 중 리더는 누구일까?

　참고로 여기서 칭하는 리더는 우리가 생각하는 리더가 아니고 메뉴 선택권을 가지고 있는 사람을 뜻하는 것이다. 리더(메뉴 선택권자) 확률이 높은 사람은 행동심리학적 특성상 아래 형태로 보면 큰 무리가 없을듯 하다.

1. 먼저 들어오거나 문을 열어줘 누군가를 배려한 사람.

2. 개방형 자세를 취하고 있는 사람. (개방형 자세의 특징은 대체로 어깨와 가슴을 펴고 있으며 보폭은 넓고 제스처는 손등이 위로 향하는 경우가 많다.)

3. 동행자의 자리를 안내하는 사람. (자리를 안내하는 경우는 리더일 확률이 높다)

4. 좌석에 앉은 후 다리를 벌리는 사람.

5. 좌석에 앉은 후 메뉴판을 만지거나 주의를 두리번거리는 사람.

6. 종업원에게 먼저 말을 자꾸 거는 사람. (말을 먼저 건다는 건 **보컬그루밍** 가설에 의해 친해지고 싶다는 의미로 보아도 무방하다.)

* 보컬그루밍 - 동종 개체의 털 손질과 같은 사회적 유대관계 형성을 위해 친해지고자 하는 일상의 대화나 수다 행위.

자 이제 3명의 남자 중 위의 선택지 상의 내용 중 가장 많은 행동을 하고 있는 남자를 찾으면 리더라 보아도 무방할 것이다.

두 번째, 노련한 최면술사 처럼 라포를 형성 하라

* 라포 -최면이나 상담시 이루어지는 공감대 신뢰. 프랑스어로 다리의 의미.

노련한 최면술사나 상담가들은 라포 형성을 위해 내담자의 말을 경청하고 공감하면서 라포를 형성한다.
서빙하는 시간에 관객과의 접점 시간은 매우 짧으므로 빠른 라포 형성이 필요하다. 그 방법은 매우 많지만 몇 가지로 요약하자면 다음과 같다.

1) 관객과의 눈높이 맞추기.

기본적 라포 형성 순간 미러링 기법 - 마술사가 마술 공연을 할 때 아이들 공연에는 아이들 말투로 공연한다. 필자 역시 유치원 공연이나 어린이날 가족공연에서는 아이들의 말투로 진행을 한다.

2) 외관 공통분모 찾기.

옷 색깔, 신발, 악세사리, 헤어스타일, 소지품 등 공통점을 찾아 소통한다.

3) 함께 온 일행들에게 관심 갖기.

아기가 있으면 아기 외모를 칭찬하거나 부모님이 있으면 동안이시네요 등 칭찬한다.

4) 짧은 대화 속에서 공감과 공통점 찾기

5) 오른쪽 귀에 대고 말하는 습관 기르기

논리를 담당하는 좌뇌와 교차 연결된 오른쪽 귀에 말해야 더 설득력이 있다.

자 이제 실전으로 들어가 보자.
고객 a, b, c 3명의 남성이 입장한다. 나는 경쾌한 인사와 함께 위의 기준으로 리더를 탐색하기 시작한다.
살펴보니 a가 출입문을 열어주며 c를 배려하고 b는 맨 뒤에 온다.
그 중 a와 b가 개방형 자세를 취한 듯 자리에 착석 후 a가 주의를 두리번거리며 무언가를 찾으며 동시에 다리를 벌린다.
나는 리더를 찾았다.
3명의 남자 중 메뉴를 선택권이 있는 리더는 a일 확률이 높다.

나는 a에게 다가가 눈높이를 맞추며 메뉴를 보기 좋은 방향으로 놓는다.
그러면서 그의 가방과 나의 옷을 바라보며 빨간색 좋아하시나 봐요, 라고 말하며 미소를 짓는다.

〈내 티셔츠와 a의 가방색이 빨간색인 것이다.〉

자 이제 나는 그의 무의식에 노크하고 라포를 형성하기 위해 할만큼 한 것이다.
3명의 남자 중에 가장 리더일 확률이 높은 사람을 찾았고 라포 형성을 위해 눈높이를 맞추고 공통점을 찾았다.
이제 잠시 결과를 기다려라. 리더는 반드시 반응할 것이다.

#리더의 반응 1

잠시 후 a가 말한다.

"아, 이 가방은요, 제가 태국 여행 가서 사온 거 에요."

나는 이때 야호!!! 속으로 환호성을 지른다.
이제 나는 그와 할 이야기가 너무 많다.
우리 부모님이 작년에 태국 여행을 떠나셨다고 말해도 되고 태국 음식이 너무 좋아서 내년에 맛 기행을 떠난다고 해도 될 것이며, 삼촌이 태국에 산다고 해도 되고, 내가 경험했거나 주변 사람이 경험했던 일 중 태국과 관련된 건 굉장히 많을 것이다.

즉 가장 중요한 것은 a와 나는 라포가 형성되었다. 즉 친해졌다.

친하다는 것은 상대가 나에 대한 저항이 작아지고 신뢰가 커졌다는 것이다.

일종의 컨빈스가 작용된 것이다. (컨빈스는 오픈 주방과 최면이라는 내용에 자세히 설명되어 있다.)

이제 게임은 끝났다. 나는 추천 메뉴를 팔기만 하면 된다.

a가 나에게 큰소리로 묻는다.

"여기서 뭐가 제일 맛있어요!!!"

#리더의 반응 2

빨간색 좋아하나 봐요, 라고 말했는데 a가 다음과 같은 행동을 취하면 당신의 말에 부정적이라 봐도 무관하다

1. 팔짱을 끼고 있다.
2. 허리를 등받이 쪽으로 하고 기대고 있다.
3. 목이나 신체 부위를 자꾸 만지고 있다.
4. 다리를 꼬고 있다.

5. 고개를 자꾸 돌린다.

하지만 걱정하지 말아라.

방어적 기제를 펼치는 소극적인 a에게도 추천 메뉴를 팔수 있는 방법이 있다.

이때 나는 **초두 효과**를 노릴 것인지, **건망증 효과**를 노릴 것인지 선택하면 된다.

* 초두 효과란?

처음 입력된 정보가 나중에 입력된 정보보다 큰 비중을 차지하는 현상이다. 첫사랑의 기억 또는 첫인상의 중요성 이런 것들을 말한다. 즉 추천메뉴를 맨 처음 또렷이 말해주고 뒤에 일반메뉴를 흘리듯 말하는 거다.

* 건망증 효과란 ?

메뉴 설명을 흘리듯 간단히 하는 것이다.

"메뉴 앞 쪽에는 식사가 있구요, 뒤쪽에는 음료가 있어요."

그리고 자리를 옮길려는 찰나, 큰 일이 난 듯 표정을 지으며 이렇게 말하는 것이다.

"아 맞다, 깜빡 했군요. 오늘 OOO메뉴가 특별 할인을 하고 있는데 말씀을 안 드릴 뻔 했네요. 죄송합니다."

 자, 이제 나는 그의 무의식에 노크를 할 만큼 했다. 결과가 좋기만을 기다리면 된다.
 사실 음식점이나 주점에 방문하는 고객 중 메뉴를 미리 정하고 온 고객은 그 어떤 방법을 써도 바꿀 수 없다. 여기서 이야기하는 방법은 메뉴를 결정하지 않고 온 고객을 대상으로 하며 목적과 방향성 없는 서빙법이 아니라 추천메뉴 판매를 목적으로 대상자의 잠재의식에 노크를 하여 판매확률을 높이는 데 있다.

주의사항

 리더를 찾았는데 주문을 리더가 하지 않고 다른 사람에게 배려하여 양보하는 경우가 있다.
 하지만 상관없다. 어차피 배려한 상대가 메뉴를 골라도 그 메뉴를 시킬지 안 시킬지 근본적인 결정권은 리더에게 있다고 봐도 무방하다.
 참고로 필자가 운영하는 매장(이자카야)에서 위와 같은 방법으로 실험을 해보았다.

1. 리더를 찾고 메뉴를 주며 친밀감을 표시했다.
2. 눈높이를 맞추고 오른쪽 귀에 말했다.

3. 메뉴 첫 장에 있는 사케 메뉴를 펼쳐서 눈앞에 두었다.

 이렇게 생각날 때마다 진행해 보았는데 그 결과, 팔고자 하는 사케 주류의 판매율이 높아진다는 것을 확인했다.
 그러나 항상 이런 좋은 결과만이 있는 건 아닐 것이다.
 하지만 시작에도 이야기 했듯이 매장을 찾아온 고객을 항상 관찰을 한다는 것은 고객에 대한 관심이자 애정인 것이다.
 우리가 이성과 데이트를 할 때 이성에게 관심이 있어야 지켜 볼 것이고 지켜본다는 것은 관심이다. 관심이 있으면 상대가 원하는 게 보일 것이고 그것을 해줄 때 상대는 나에게 역시 관심을 보일 것이다. 상대에게 관심이 있어야 어깨 위에 떨어져 있는 작은 머리카락을 볼 수 있는 것이다.
 자연스러운 행동인 것이다.
 좀 더 세밀하게 관찰하고 행하자는 이야기를 하는 것이다.
 고객에게 관심이 있어야 관찰을 할 것이고 그러면 고객이 보일 것이다. 그리고 보이면 행하고 배려할 수 있고, 고객을 기분 좋게 할 수 있는 것이다. 그러면 고객은 지갑을 여러분 매장에 아낌없이 열 것이다.

실패 없는 메뉴 추천법

- 나는 의사이고 너는 환자

매장을 운영하다 보면 다음과 같은 말들을 들어서 매우 난감할 때가 있을 것이다.

"이 곳은 뭐가 맛있나요?"
"추천 메뉴 따로 있나요?"
"오늘 뭐가 싱싱해요" (살아 있는 생물을 파는 매장)
"여긴 뭘 제일 잘하나요?"

결국 메뉴 추천해 달라는 이야기다. 고객의 취향과 기준을 모를 때는 마치 보물섬에서 보물을 찾는 것처럼 굉장히 어려운 일이다.

자 지금부터 이런 어려운 고객을 접했을 때 상황을 대처하는 법을 알려 드리겠다.

다음과 같은 사례로 나누어 이야기 해보면 다음과 같다

1. 고객이 정말로 메뉴 고르기 귀찮은 경우
   (결정 피로가 극에 달한 경우)

사람들은 하루에도 여러 가지 많은 선택에 놓이게 된다.

그런 결정을 내릴 때마다 사람들의 에너지는 소모되고 피로도는 증가한다.

예를 들어 고객이 아래와 같은 경우라 하자

a라는 남편은 오늘 하루 종일 회의, 바이어와 미팅, 상사와의 면담을 통해 수많은 결정을 내리면서 에너지가 완전히 소진된 상태이다.

이런 소진된 상태로 퇴근 후 와이프와 부모님 명절 선물을 같이 고르기로 선약이 되어 있었다 하자.

백화점에 가서 선물을 고를 때 처음에는 이것 저것 함께 의견을 교환하며 사지만 시간이 지날수록 남편은 결정 피로가 극에 달해 좀비가 되어가고 이 시간을 빨리 끝내고 저녁이나 빨리 먹으러 가고 싶어지는 것이다.

매장에 방문을 한 손님 중에 위와 같은 경우나 부동산 계약처럼 큰 결정을 마치고 온 고객이 있다면 그들은 모든 게 귀찮을 것이다.

이럴 경우 최대한 심플하게 서빙하는 게 좋다. 즉 또 다른 선택을 하게끔 만들지 않는 게 좋다는 것이다.

그런 고객들은 아마도 이렇게 물을 확률이 높다.

"알아서 맛있는 걸로 주세요."
"대표 메뉴 주세요."
"추천해주세요."

그들의 취양을 배려한다고 이것저것 취향을 물어보면 그들은 괴로워할 것이다.

그들의 목적은 음식 메뉴를 고르는 재미보다 지친 업무와 계약 후 스트레스 해소, 즉 휴식에 있다.

더 이상 그들에게 고민하고 선택하지 않게 하는 것만으로도 고객들은 만족할 것이다.

2. 메뉴가 많아 못 고르는 경우

"떡볶이도 먹고 싶고, 순대도 먹어보고 싶고, 만두도 먹고 싶고, 쫄면도 먹고 싶은데 어쩌지?"

바로 이런 상황이다.

특히 여자분들 중 다양한 메뉴를 보면서 이것도 맛있겠고 저것도 맛있을 거 같고 저것도 먹고 싶고 이런 고민을 하는 분들이 굉장히 많다.

이런 분들은 일단 **손실회피** 라는 관점으로 생각해야 한다.

* 손실회피 – 선택을 통해 얻는 가치보다 잃어 버렸을 때의 가치를 크게 생각하는 것. (가만히 있으면 중간이라도 간다.)

　이런 분들은 맛있는 것을 먹겠다는 것보다 내가 내린 결정으로 선택하지 않은 메뉴가 더 맛있을까 봐 걱정하고 고민하는 것이다.
　일반적으로 좋은 선택으로 얻는 가치보다 잘못된 선택으로 잃는 가치를 2배 정도는 크게 느낀다.
　우리가 돈을 분실했을 때를 생각해보면 동일한 금액의 돈을 주울 때의 기쁨보다 잃어버릴 때 상실감이 크다는 것을 알 수 있다.
　이런 분들은 손실이라는 관념에 포커스를 맞추고 있다는 전제로 생각해야 한다.
　즉 여러 가지 포함 되어있는 세트 메뉴가 있으면 추천 해주고 세트 메뉴가 없다면 지금 아니면 먹을 수 없는 리미티드 메뉴, 또는 지금만 먹을 수 있는 한정 기간 메뉴를 추천하는 게 좋다.
　하지만 가장 좋은 방법은 모순적이지만 그들 스스로 선택하게 하는 것이다. 추천을 하면 대부분 잘못된 선택을 할 확률이 높다. 사실 그들은 어떤 걸 선택해도 선택받지 못한 걸 보며 후회할 것이다.
　이런 경우 많이 보았을 것이다.
　옆 테이블을 보며 저게 더 맛있어 보이는데 저거 먹을 걸, 하며 수군거리는 경우를……

3. 외국인이거나 먹어 본 적이 없는 낯 선 음식이어서 무엇을 골라야 할지 몰라서 묻는 경우

생각보다 의외로 이런 경우가 많다. 이런 경우, 서빙하는 본인 스스로 최면 암시를 걸어야 좋다.
마음 속으로 나는 의사이고 고객은 환자인 것이다, 라고 생각을 하는 것이다.
이런 마음으로 접근해야 실패가 적다.
의외로 사람들 중 자신의 취향을 잘 모르는 경우가 많다. 남자들 중 옷을 쇼핑하러 가면 매장 직원들이 "어떤 스타일 좋아하세요?" 라고 물으면 답을 못하는 경우가 많다.
사실 남자들 대부분 자신이 어떤 스타일을 좋아하는지 모르는 경우 꽤 있다.
이런 고객의 경우는 **메타모델**을 정하여 설명 하는 게 좋다. 만약 고객이 담백한 요리를 찾는다면 다음과 같이 설명하는 것이다.

"설렁탕 국물 같이 담백한 건가요? 아님 크림 스프같이 부드럽게 담백한건가요?"

이런 패턴으로 물으면 추천 메뉴를 주어도 기대하는 것과 일치할 경우가 많다.

그리고 추천 비교 문장에는 제공될 메뉴와 책임을 고객에게 돌린다는 암시도 잠입되어 있다. (나는 두 가지를 추천했고 즉 선택한건 너야!!)

즉 매장에 있는 메뉴 중 앞에서 말한 설렁탕 국물과 크림스프와 비슷한 메뉴가 있다는 전제에 말하는 것이다.

그리고 혹시나 고객이 만족하지 못해도 (그럴 경우는 적겠지만) 본인이 직접 카테고리 안에서 고른 것이기 때문에 스스로 책임질 것이다.

이어서 더더욱 고객에게 책임 전가를 제대로 하는 기법을 알려 드리겠다.

고급 이미지를 심어주는 고급 기법이다.

메뉴에 고급이미지를 각인시켜 선택하게 한 후 책임을 전가하는 것이다.

예를 들어 매장의 메뉴 중 한우소고기가 들어간 메뉴를 추천할 경우 이렇게 물어보는 것이다.

"소시지 좋아 하세요"

혹은

"한우 소고기 좋아하세요?"

고객이 소고기요, 라고 말하면 이렇게 말하면 된다.

"아 그럼, 이 메뉴는 고객님이 좋아 하실 거에요."

이렇게 결정지어 버리는 것이다.

고객은 햄처럼 인공적인 맛이 아닌 고급스러운 소고기를 좋아하는 사람이라고 스스로 인정하고 스스로 **라벨링** 되어져 소고기가 들어간 메뉴에 부정적인 의견을 제시하기 힘들어지는 것이다.

* 라벨링 : 상대방의 신념이나 행동에 라벨을 붙인 다음 그에게 부합하는 행동을 하도록 요구하는 것.

이런 전제 속에서 한우소고기가 들어간 메뉴를 주면 맛이 없어도 인정하기 싫은 것이다.

그런데 만약 고객이 "저는 초딩 입맛이라 소세지 같은 맛 좋아해요." 라고 하면 반대의 메뉴를 추천하면 되고 그러면 만족할 것이다.

4. 추천 메뉴의 가격과 오늘 모임의 분위기를 파악해라

위에서 필자가 제시한 방법으로 추천 메뉴를 제시했을 때 기본 전제는 고객의 소비 패턴에 맞는 가격이다.

만약 고객의 입맛이 까다로워 평소에 비싼 한우만 먹는데 수입산을 추천하면 안 되는 것이다.

반대로 가성비를 위주로 소비하는 고객에게 질만을 고집해서는 안 된다.

   고객의 소비 패턴은 점쟁이들의 비기인 **콜드 리딩**을 통해 옷차림과 악세사리로 어느 정도 유추할 수 있다. 아무래도 고가의 옷과 악세사리를 한 고객은 동일 메뉴 선상에서 고가의 메뉴를 선호할 것이다.

* 콜드 리딩 - 상대에 대한 정보가 없는 상태에서 행동이나 외모, 말투 등을 보고 정보나 마음을 간파하는 기술.

   또한 그 모임 자리의 분위기 역시 중요하다.
   생일이나 소개팅 같은 경우는 고가를 추천해도 무방하고 오래된 연인이나 동성 친구들끼리 온 경우는 무조건 가성비 좋은 메뉴가 좋다.
   지금까지 결정 피로, 손실회피, 메타모델, 라벨링, 콜드리딩 기법을 이용하여 고객에게 메뉴를 추천하는 법을 설명하였다.
   완벽할 수는 없지만 독자들이 이런 부분들을 조금은 이해하고 숙지한다면 눈치 없이 분위기 파악 못해서 어울리지 않는 추천을 범하는 과오는 적어도 피할 수 있을 것이다.
   매장에 온 고객을 잘 관찰하고 이런 기법을 가볍게 적용하여 실행을 해보면 본인에게 가장 어울리고 잘 어울리는 어떤 패턴이 분명히 보일 것이다.

서비스는 언제 주어야 하나?

- 고객의 발 끝은 고객의 마음이다

매장 운영자라면 이런 경험을 한 적이 있을 것이다.

매장의 테이블 평균 매출 단가가 오만원인데 십만원 이상을 고객이 주문을 하여 감사해서 서비스 메뉴를 주었더니 "지금 나갈 건데 다른 팀 주라."고 사양해서 민망한 경우를 경험해 보았을 것이다.

이런 경우를 서비스 타이밍의 실패라 할 수 있다.

또 이런 경우도 있다.

고객이 원래 추가 주문을 할까, 했는데 동일메뉴를 주는 것.

단골 고객이 족발 집에서 족발을 시켜 먹고 있고 주인은 단골이라 막국수를 서비스로 주었더니 원래 막국수가 먹고 싶어서 지금 주문을 하려고 했다고 말하는 경우이다.

물론 고객은 원하는 걸 받아서 기분은 좋았겠지만 이 역시 추가 주문을 막은 좋지 않은 서비스 형태로 볼 수 있다.

술집에서 고객이 원한다고 술을 서비스로 주면 장사를 하지 않겠다는 이야기와 같은 걸로 봐도 무방할 것이다.

자 지금부터 위와 같은 오류를 범하지 않을 비기를 알려 드리겠다.

즉 '서비스메뉴 굿 제공 타이밍'을 알려 드리려한다.

참고로 여기서 말하는 서비스 굿 타이밍이란 ?

잠시 후 나갈 거 같은 손님을 서비스 메뉴를 주어 추가로 주류를 더 판매한 경우를 뜻한다.

아래와 같은 경우는 서비스 메뉴를 시도해서 고객을 붙잡아 볼만하다.

행동 심리적 관점으로 풀어보면 아래와 같다.

1. 문 쪽으로 발끝이 향하고 있는 경우

사람의 뇌와 가장 먼 기관이 발이다. 즉 가장 속일 수 없고 거짓을 못하는 정직한 반응이 일어나는 곳이다.

무의식적으로 발 끝이 문 쪽을 향하고 있다면 슬슬 나갈 것이다, 라는 신호 및 암시로 봐도 무방할 것이다.

2. 핸드폰이나 가방을 계속 만지고 있는 경우

상대에 대한 관심과 집중도가 떨어졌거나 그가 하는 이야기가 재미없다는 부정의 의미로 봐도 무방하다. 즉 이 자리가 지겹다는 의미이고 재미없어 오래 있고 싶지 않다고 봐도 될듯하다.

3. 옆이나 앞에 있는 상대와의 거리가 처음보다 멀어진 경우

친구든 연인이든 처음보다 앉아 있는 거리가 멀어졌다면 대화의 집중도가 무너지고 있거나 둘의 관계가 처음 왔을 때보다 안 좋아졌다는 의미로 봐도 무방하다.

위와 같은 현상이 일어나는 손님들은 곧 이 자리를 마무리하고 싶다는 의미로 보아도 무방하다. 이럴 경우는 작은 서비스 메뉴를 주면 잠시 고객의 마음을 붙잡아 추가 세일링을 할 수 있을 것이다.

하지만 항상 그런 건 아니니 다음과 같은 경우에는 매우 조심하고 주의하여야 한다.

\# 발 끝이 아니라 허리가 문 쪽으로 돌아가 있는 상황.

\# 핸드폰이나 가방을 만지는 수준이 아닌 들고 있는 경우.

\# 상대와의 거리가 멀어진 경우가 아닌 배척하거나 등 돌린 경우.

갑자기 술 잔을 혼자 원샷 하는 경우.

위와 같은 경우는 지금 바로 나간다는 표시이거나 상황이 매우 안 좋다는 경우이니 서비스 메뉴를 주지 않고 그냥 가만히 있는 게 상책이다.

사실 위의 사례들은 필자가 마술 공연이나 최면을 진행할 때 관객이나 내담자를 관찰할 때 많이 사용한다.

관객이 내 공연에 집중을 하고 있는 것인지, 지루해하지 않은지를 항상 체크하는 것이다.

그리고 관객과 함께하는 공연을 할 때 어떤 관객을 무대로 올리면 그 관객이 적극적으로 행동하고 분위기가 살지 판단할 때도 관객의 행동을 관찰하곤 한다.

이런 행동 관찰을 하여 고객의 신호를 체크하여 상황에 맞게 사용하면 적절히 활용할 수 있다.

고객을 관찰하면 마음을 읽을 수 있고 적절히 대응을 할 수가 있으며 그 행동과 대응은 고객으로 하여금 매장에 좋은 인상을 심어 줄 수 있음을 명심하자.

항상 관찰하고 집중하는 자세가 서비스의 시작이자 출발점인 것이다.

고객의 발끝은 고객의 마음이다.

고객은 왕이 아니다 밀당해야 할 애인이다

- 무조건 잘해 주지 말라

    일반적으로 이야기하는 바람둥이나 연애 고수들은 상대에게 일방적이고 무조건적인 헌신만을 하지 않는다.
    좋은 관계 유지를 위해선 당기기만 하면 상대는 질리게 되어 있다. 적절한 밀기가 상대를 더욱 더 자석처럼 나에게 다가오게 하기도 한다.
    일반 연애와 정도의 차이는 있겠지만 매장에 온 고객에게도 무조건적인 서비스와 헌신이 최고는 아닌 것이다.
    매장에 온 고객에게 메뉴 보드를 주고 인사를 하고 친절하게 하는 이런 행위 모두가 당기기에 해당한다.
    밀기는 진상 손님에게는 직접적으로 불만을 말하고 행하겠지만 일반 고객에게는 비언어적으로 무의식적으로 행할 수 있다.
    다음과 같은 경우는 연애를 할 때 연인이 하는 밀기와 같은 것이라 할 수 있다.

- 줄 서는 매장의 고객 방치.
- 셀프 매장의 셀프서비스.
- 맛집 고유의 독특한 먹는 방식의 고집.
- 바쁘고 붐비는 좁은 매장의 다인석의 합석.

이런 행위가 고객에게 부정적일 것 같지만 일종의 매장의 자신감이기도 하다. 고객은 너무 편하고 모든 것들을 본인의 마음대로 할 수 있는 매장보다 때로는 내가 조금 불편할 수 있지만 그 매장의 특유의 룰과 법칙이 있는 자존감 있는 매장을 좋아 하기도 한다. 연예를 할 때 상대에게 나타나는 징표를 3가지로 나타내면 아래 3가지이다

감정적으로 끌림
이성적 끌림
성적으로 끌림

다시 그 끌림을 조합해서 나누면 아래와 같은 관계로 나타낼 수 있다.

감정적 끌림 +성적 끌림 = 원나잇 상대
이성적 끌림 +성적 끌림 = 지속적 저녁 만남의 파트너

이성적 끌림 + 감정적 끌림 = 친구
이성 +감정 +성적=지속적인 좋은 관계

이 공식을 재미로 음식점 매장에 적용해보면 아래와 같다.

성적인 끌림 = 외관(인테리어)
감정적인 끌림 = 서비스
이성적인 끌림 = 맛

외관 +서비스 = 들어가 보고 싶고 친절했지만 맛없어 다시 오고 싶지 않은 곳(원나잇)

외관 +맛= 들어도 가보고 싶고 맛도 있고 좋지만 불친절해 그 음식이 생각날 때만 오고 싶은 곳(파트너)

서비스 +맛= 맛좋고 서비스 좋으나 청결이나 시설이 노후되어 나만 알고 싶은 곳(친구)

서비스 +맛 +외관 = 모든 것들이 좋아 소개시켜 주고 싶고 단골하고 싶은 곳(애인)

물론 원나잇, 친구, 파트너 같은 매장도 좋지만 매력에 끌려 단골이 되고 싶은, 애인같은 매장을 만들기 위해 노력해 보자.

블랙 컨슈머 대처하기

- 지도는 영토가 아니다

　블랙컨슈머의 사전적 의미를 초록창에서 검색해 보면 이렇게 나온다.
　'기업 등을 상대로 부당한 이익을 취하고자 제품을 구매한 후에 고의적으로 악성 민원을 제기하는 자.'
　장사를 하다 이런 분들을 만나면 정말 힘들다. 가끔은 이렇게까지 내가 해야 하나 싶을 정도로 자괴감이 들기도 한다.
　매장에서 고객을 응대하다보면 유독 감정적이고 민감하게 불만을 나타내는 고객이 있다.
　정상적 사고로 이해하려 해도 이해가 되지 않는 고객들이 있다.
　지금부터 이해할 수 없는 그들의 마음을 잠시나마 이해해 보는 시간을 가져 보려한다.

한 예를 들어 보자.

어떤 고객이 매장에서 연어샐러드를 시켰는데 왜 훈제연어를 주지 않았냐며 맘에 안 든다고 바꿔 달라고 한다고 하자. (사실 당일 손질한 더 비싸고 좋은 생연어를 제공했음.)

더 비싸고 좋은 생연어를 주었는데도 그 고객은 자기가 먹던 연어샐러드는 훈제 연어가 들어 있었다며 왜 여기는 이런 식으로 주냐는 주장인 것이다.

그리고 더불어 왜 메뉴 보드에는 훈제 연어인지 생 연어인지 표시가 안 되었냐는 것이다.

우리가 삼겹살집에 가서 삼겹살 13,000원이라는 메뉴를 보고 시켰을 때 보통 생 삼겹살이 나오면 가만히 있는데 냉동삼겹살이 나오면 컴플레인을 걸 수도 있을 것이다.

제품이 상식적으로 기대한 거보다 낮은 수준으로 제공되어서일 것이다.

그런데 위와 같은 경우는 생 삼겹살을 주었는데 왜 냉동삼겹살을 안줬냐고 하는 경우와 다르지 않다는 것이다.

우리는 여기서 한 가지를 생각해봐야 한다.

블랙컨슈머 고객이 세상을 바라보는 세계관이 우리와는 굉장히 다를 수 있다.

토론 프로그램에서 보수 인사와 진보 인사가 나와 토론을 하면서 반대 이야기만 하면서 서로를 이해 못하겠다는 표정을 지으며 어이없어 하던 행동을 보았던 걸 기억하면 되겠다.

그들은 정말 같은 이야기를 다르게 하는 것이다.

다시 연어샐러드로 돌아가서 이야기해보자.

이 고객이 고의성 보상을 바란 블랙컨슈머가 아니라면 어쩌면 연어샐러드를 예식장 뷔페나 가성비 좋은 식당에서만 먹어봐서 연어샐러드는 가공 훈제연어로만 만들었다는 세계관을 가질 수 있다는 것이다.

이런 분은 우리가 상식적 설명을 해주어도 받아들일 수가 없을 것이다. 본인이 알고 있는 세계가 정확하고 전부라 생각해 버리기 때문이다.

사례로 소비자 보호센터에 전화를 걸어온 고객들을 중 보면 정말 독특한 세계관을 가진 분들이 많다고 한다.

세탁기에 고양이를 목욕시킬 목적으로 돌려서 죽인 경우, 강아지가 더워해 냉장고 넣었더니 기절했다고 하면서 왜 냉장고나 세탁기 사용설명서에 주의 사항 부분에 이런 부분들을 써놓지 않았냐며 따지는 것이다.

사실 본인의 세계관과 상식의 문제인데 말이다.

이럴 경우 일반적 상식으로는 소통하긴 힘들다는 전제로 응대해야 한다.

컴플레인 응대 메뉴얼이 있는 프렌차이즈 업체라면 매뉴얼대로 행동하면 되고 없다면 가장 좋은 방법은 아마도 가만히 있는 것이다.

그들의 이야기를 들어줘라. 그것이 어쩌면 최선이다

그것만으로도 그들은 풀릴 것이다.

아무도 본인의 말에 공감하지 않았을 것이니 내 말에 경청하는 것만으로도 그들은 만족할 수도 있다. 잠시 응대하는 본인이 상담가나 정신과 의사라 생각하는 것이다.

단 매장이 바쁘지 않다는 조건과 그들이 공격적 어투가 아닐 경우 말이다.

참고로 블랙컨슈머급 민감 유형의 고객을 응대할 때 심리적인 관점에서 도움이 될 만한 몇 가지를 알려 드리겠다.

1. 같이 온 동행자가 매장에 불만이라고 말하는 경우

본인이 아니라 같이 온 일행이 음식이 짜다 싱겁다 하는 경우 그들의 컴플레인의 본질은 가족, 연인과의 평온한 식사 시간의 깨짐에 대한 표현이다.

이럴 때는 같이 온 일행이 기분 좋을 수 있게 작은 보상을 해주는 걸로 쉽게 마무리 될 수 있다.

무언가 물건을 잃어버렸을 때에는 물건의 손실보다 나의 평온한 패턴이 붕괴됨에 사람들은 화를 내곤 한다.

2. 공격적 성향의 불만 표출 유형의 고객일 경우

1) 일단 사과는 하지만 그들이 가진 불만의 본질에 대해 절대 잘못했다는 말을 하지 말아야 한다. 그러면 그들은 더욱 달려 들것이다.
(전쟁을 승리한 군인들이 승리 이후에 하는 행동은 더 난폭해진다.)

2) 핑계 어투인 '하지만', '그러나' 등의 단어를 쓰지 말아야 한다.

3) 정말 어렵겠지만 당당하게 대처해라

상대편이 공격적인 말투로 인해 말을 더듬거나 위축되어 행동이 작아지고 굳어진다면 그들은 맹수처럼 달려들 것이다.

(진화심리학적 관점으로 우리 조상들은 맹수를 만나면 가만히 있고 조용히 있는다. 들켜 죽을지 모르기 때문에 생긴 본능이다. 현재에도 공포 영화를 보거나 내 눈앞에 큰 대형견을 보면 움직이지 못하는 방어기제가 아직 남아있다.)

3. 음식이 늦어서 화 난 경우

일단 동의하고 들어 줘라. 그리고 최대한 같은 편인척 하고 인정한다. 그러다 틈이 보이면 (틈 : 고객이 나의 의견을 받아들일 상태.) 근거와 이유를 말해라.
예를 들어서 설명 하면 아래와 같다

손님 : 음식 시킨 시간이 한참 지났는데 주방장은 놀고 있나요?
종업원 : 바쁘실 텐데 불편하셨겠어요. 사실 저도 음식점에서 음식 늦게 나오는 거 정말 싫어하거든요.
손님 : 알겠으니 음식이나 빨리 주세요.
종업원 : 사실 저도 여기서 일하지만 저희가 패스트푸드(잠입 대조어) 점포처럼 음식이 빨리 나오는 편은 아니에요.
손님 : 신경 써서 조리하는 곳이라는 건 알겠는데 너무 늦네요.
(신경 써서 조리하는 곳이라고 고객이 직접 언급했다. 바로 이때가 틈인 것이다. 매장의 장점을 더 강조해라.)

종업원 : 직접(육수 반죽 모양 만들기 핸드메이드-매장의 음식 장점 강조) 바로 바로 작업해서 10분 정도는 조리 시간이 걸리는데 동시에 같은 메뉴를 시키신 테이블이 조금 있어서 좀 더 시간이 걸리는 거 같습니다.

손님 : (못 이긴척) 알았으니깐 서둘러서 해 주세요. 조금 기다리지요. 뭐. (아! 직접 반죽한다고 신경 좀 쓰는 곳이네 라고 고객은 생각할 것이다.)

종업원 : 최대한 서둘러 맛있게 해드리겠습니다.

 (고객에게 음식에 꽤 신경 쓰는 곳이라는 생각을 하게끔 함으로써 아름답게 마무리 되어진 것이다.)

 이와 같이 기본적으로 블랙 컨슈머는 나와 다름을 전제하고 대처해 나가야 한다.

 요즘 블랙 컨슈머에 의한 감정 노동으로 인한 피해가 사회적 이슈이다.

 감정노동으로 인한 피해가 생기는 이유는 감정이 상대에게 전이 되어서이다.

 그 전이됨이 부정적인 감정이면 감정 노동이 되는 것이다.

 하지만 우리는 항상 어떤 상황에 대한 반응 또는 감정이 주관적이라는 사실을 잊어서는 안된다.

 지금부터 어떤 상황에 대한 감정 반응이 얼마나 주관적이고 다양한지를 사례를 통해 이야기해보겠다.

 어떤 사람이 길을 가다가 파란 신호에 정상적으로 횡단보도를 건너는데 만약 누군가 크락션을 울린다면 보통 사람들은 화가 나서 크락션을 누른 상대방을 째려 볼 것이다.

그럼 상대방이 크락션을 누른 이유는 어떤 이유일까?

한가지일거라 생각하지만 여러 이유일 수 있다.

다음과 같을 수 있다.

1. 파란신호를 빨간 신호로 착각한 경우
2. 출산 임박의 산모가 자동차에 타고 있는 경우
3. 횡단보도 중간에 강아지 시체가 있는 경우
4. 알고 보니 운전자가 고등학교 동창인 경우

이처럼 다양한 이유가 있을 것이다.

1. 신호를 착각한 운전자 - 야 빨간 신호인데 너 왜 횡단보도를 건너냐, 라는 의미.
2. 출산임박 산모가 태운 운전자 - 너무 급합니다. 죄송하지만 비켜주세요 의미.
3. 횡단보도 중간에 강아지 시체를 본 운전자 - 그러다 강아지 밟겠어요. 아래를 조심 하세요 의미.
4. 동창생이 운전자 - 야! 오랜만이네 나 좀 봐. 의미

이렇듯 사실 화가 날 경우는 1번 같은 경우일 뿐이다.

기본적으로 파란 신호에 클락션을 울리면 화가 나는 이유는

나는 교통규범을 지키며 행동하는데 누군가 너는 잘못 되었다는 신호를 보내고 있어서일 것이다.

하지만 위 사례에서 보듯 항상 그건 아니다.

NLP 심리에서 지도는 영토가 아니다, 라는 말이 있다.

* NLP 심리 - 신경언어 프로그래밍을 이용한 최면 기법

우리가 보는 사물 상황은 우리의 뇌에서 생각되어지는 것 뿐이지 실체는 아니라는 것이다.

블랙 컨슈머의 행동에 누군가는 매우 힘들어 하고 누군가는 웃어넘기기도 한다.

같은 상황에서 누군가는 상황만을 보고 넘기고 또 누군가는 그 상황에 감정을 넣어서 감정을 증폭시키기를 한다.

상황을 바꿀 수 없고 남을 바꿀 수 없다면 그것을 받아들이는 나를 바꾸는 게 때로는 가장 간편하고 빠른 길이다.

지도는 영토가 아니다!!!

부정적 이미지를 가진 고객의 마음을 되돌리는 비법

- 고객에게 닻을 내려라(앵커링)

무심코 어떤 단어를 들으면 기분이 나쁘거나 좋아지고 70~80, 80~90 가요를 들으면 마치 그때 학창시절 또는 그 시절 연인과 데이트했던 그때로 타임머신을 타고 돌아간 듯한 느낌이 든다.

NLP나 최면에서는 이것을 **앵커링**이라 한다.

* 앵커는 닻이라는 뜻으로 배가 정박하면 닻을 내려 고정하듯이 어떤 특정한 심리 상태로 닻을 내려 주는 것이다.

예를 들어 당신이 복고 파티를 기획한다면 그때의 음악, 소품, 의상, 음식을 제공하면 그때의 감성으로 돌아가 더욱 즐겁게 놀게 된다는 것이다.

이 앵커링 기법을 매장에 적용하여 매장의 주력 메뉴를 맛있게 먹던 시절의 메뉴나 그 때의 음악, 분위기를 만들어주면 그 때의 좋은 감정이 되살아나서 음식 또한 맛있게 느껴지고 행복해질 수 있다는 이론인 것이다.

앵커링을 잘 활용하면 이렇게 긍정의 감정을 불러일으킬 수도 있지만 반대로 사용하면 부정의 감정을 불러올 수도 있다.

부정적인 앵커의 극단적 예로 사이비 종교나 이단의 교리를 들자면 사이비 교주들은 교리를 부정 못하게 하기위해 사람에게 공포를 주는 앵커를 매설하고 부정하는 단어나 생각을 트리거로 작동하게끔 하여 공포를 떠올리게 해 그런 생각 자체를 못하게끔 앵커의 덫을 놓기도 한다.

매장을 운영할 때 고객에게 부정적인 감정을 일으킬 수 있는 모든 요소들은 전부 삭제하고 긍정적인 앵커를 불러일으키는 요소들로 꽉 채워야겠지만 이에 못지않게 고객에게 각각 매설되어 있는 부정적인 앵커를 우리는 관심 있게 보고 신경을 써야 한다.

매장에 방문한 어떤 고객이 아무 이유 없이 매장에 흐르는 음악을 꺼 달라 한다거나 매장에 있는 어떤 물건을 가리고 음식을 먹거나 심지어 치워 달라고 한다면 그 음악이나 물건에 안 좋은 추억, 즉 부정적 앵커가 매설되어 있는 걸로 간주해도 된다.

이럴 경우 적극적으로 도와주어야 한다.

또한 존재하지 않았던 부정적인 앵커가 갑자기 생기는 경우도 있다.

매장에 와서 음식을 먹다가 바퀴벌레가 나타나 공포감을 느꼈고 부정적 앵커가 생겨 '우리 매장 = 바퀴벌레'가 앵커되어 다시는 방문하고 싶지 않고 지나가다 매장의 간판만 봐도 기어가던 바퀴벌레가 떠오르게 되는 경우가 생길 수도 있다. 그럼 이 부정적 앵커는 지울 수 없는가?

간단하지만 어렵기도 하다.

첫 번째는 부정앵커보다 더 강력한 긍정앵커를 심어주는 것이다.

두 번째는 지속적인 긍정 앵커를 심어주어 환기시키면 된다. 마치 더운물을 찬물로 희석하듯이 계속 하는 것이다.

즉 우리 매장에 오고 싶은 긍정 앵커를 계속 심어주면 고객은 특별한 이유가 없으면 계속 방문하고 심지어 다른 고객을 소개도 시켜준다.

친절한 서비스, 청결, 맛, 고객에 대한 관심, 이런 모든 것들을 긍정 앵커라 할 수 있고 이것이 많이 암시되어 있는 고객을 우리는 단골이라 부른다.

결국 기본에 충실한 매장이 최고의 매장이라는 이야기이다.

단골 고객 만드는 무의식 서빙법

무의식 서빙법이라...

너무 거창한 제목이지만 여기서 말하고자 하는 것은 웃어라, 친절해라, 이런 일반적인 CS 서비스 매뉴얼 내용이 아니라 무의식적 관점의 서비스 개념을 이야기 해볼까 한다.

크게 아래 몇 가지로 나누어 보았다

1. 서빙시 템포는 유동적으로 빠르게 한다.

서빙을 할 때 발걸음을 순간적으로 빠르게 하면 고객이 우리를 바라볼 때 호감을 가질 수 있는 확률이 높다

예를 들면 친한 친구나 애인과 약속이 있을 때 애인이 내 시야에서 보이기 시작하면 우리는 발걸음이 빨라지거나 심지어

뛰어가기까지 한다.

 적극적으로 행하는 나의 모습에 상대는 왠지 끌리는 플러스 유인성이 작용된 것으로 봐도 무방하다.

 반대로 상사에게 혼나러 가거나 이혼하러 법원을 가는 것으로 설정을 해보자. 그때 신나서 막 뛰어가는 사람은 없을 것이다.

 이 때는 오히려 발걸음은 평소보다 느려진다. 왠지 유쾌하지 않고 발걸음이 무거워진다. 마이너스 유인성이 작용된 것이다.

 발걸음이 느려지고 빨라지는 우리의 행동을 바라보는 상대의 마음도 마찬가지인 것이다. 누군가 빨리 다가오면 호감이 있다고 느껴지고 반대로 느릿느릿 머뭇거리면 불편하거나 거북한 것이다.

 즉 본인이 일하는 매장에서 서빙을 할 때도 손님이 호출벨을 누르거나 무언가를 요청했을 때 발걸음 템포를 조금 빠르게 하는 것만으로도 친밀감을 올려 줄 수 있는 것이다.

 반대로 서빙을 할 때 느릿느릿 걸어가고 고객의 요청사항에 행동을 더디게 한다면 고객은 불편해하고 거북해 할 것이다.

 즉 눈이 마주치면 서빙시 발걸음은 경쾌하고 템포를 살짝 올려주는 것만으로도 호감을 살 수 있다는 것이다.

2. 고객보다 안정 감정의 범위를 넓혀라

 우리 신체는 표준 유지를 위한 항상성 현상이 있다.

이는 꼭 신체 생리 뿐만 아니라 정신적, 감정적 부분도 일정한 패턴을 유지하기 위한 안정감이 존재 한다.
이 개인적 안정의 범위를 **컴포트존**이라 한다.

* 컴포트존 - 가장 안정하게 느낄 수 있는 편안함을 느끼는 구역.

만약에 1대 1 대화는 이야기를 잘 하지만 사람이 많으면 초조해지고 불안해서 이야기를 잘 못하고 떨기까지 하는 사람이 있다 하자. 그 사람은 사람이 많을 때 본인의 감정이 컴포트존 안에 있지 않고 컴포트존을 벗어난 것이다.
그런 면에서 보면 많은 대중들에게 표현하는 연예인이나 정치인들은 그쪽 방면의 컴포트존이 선천적이든 후천적이든 넓은 것이다.

이번 내용은 매장을 방문한 고객도 본인의 안정 범위 즉 컴포트존에서만 행동을 하고 서빙하는 아르바이트생 역시 본인 범위의 컴포트존에서 서빙을 한다는 가설로 시작해보려 한다.
장사를 하다보면 다양한 아르바이트생과 일하게 되는데 사장보다 더 서비스 마인드가 좋은 친구들도 있고 눈치만 보며 억지로 일하고 시간만 때우는 친구들도 있다.
어떤 아르바이트생은 손님이 농담을 해도 같이 농담을 하며 유쾌하게 분위기를 만드는 반면 적극적이지 않은 아르바이트생은 손님이 농담을 던지면 어쩔 줄 몰라 하고 심지어 불쾌해

하는 경우도 있다.

이런 현상이 일어나는 이유는 고객 기준보다 컴포트존이 넓지 않거나 존이 다르기 때문이다.

예를 들어보자면 다음과 같다

만약에 필자가 단골 치킨집을 방문해서 아주 친한 아르바이트생에게 "요즘 몸이 너무 허한데 여기는 닭이 많으니 삼계탕 좀 맛있게 부탁드려요." 라고 농담을 했다고 하자.

그 이야기를 들은 치킨집 아르바이트생은 "뭐지?" 하면서 당황해 할 것이다.

본인 수용의 컴포트존 밖의 이야기인 것이다

하지만 만약 이 이야기를 농담이라 생각하고 웃을 수 있는 컴포트존을 가진 아르바이트생이라면 웃으며 그 농담을 유연하게 받아 칠 것이다.

가격이 20만원인데 드릴까요 ?
오늘은 다 팔렸습니다.
겨울에만 판매합니다.
등등 다양하게 대처해 나갈 것이다.

이런 반응을 보이면 손님들은 같이 웃으며 유쾌해 할 것이다.
즉 전자보다 후자의 컴퍼트존을 가진 아르바이트생에게 손님은 긍정적인 마음을 가질 것이다.

이어서 이야기를 더 해보도록 하자

자영업 사장님들이 식사를 마무리한 고객을 상대로 카운터에서 계산을 할 때 보통 고객과의 마지막 접점이라 보면 된다.

그때 마지막 인사를 하는데 아마도 가볍게 "식사 맛있게 하셨어요?", "영수증 필요하세요?" 이런 식으로 인사를 할 것이다.

그렇다면 사장이 고객에게 각인 되도록 마지막 인사를 좀 더 친절하게 해보기로 했다고 하자.

계산을 할 때 영수증을 주면서 "찾아주셔서 감사 합니다. 행복한 하루 되세요." 라는 인사와 함께 고객이 입고 있는 의상이나 착용한 악세사리를 칭찬하는 것이다.

과연 자연스럽게 잘할 수 있을까?

처음부터 생각보다 안하던 멘트를 한다는 건 불안하다. 익숙하지 않은 일이기 때문에 쉽지 않을 것이다.

처음에는 버벅거리기도 하고 어색해 하기도 하고 실수도 할 것이다. 하지만 계속 의무적으로 하다보면 조금씩 편안해지고 자연스러워질 것이다.

즉 불안이 안정을 찾고 편안해 진다는 이야기이이다.

그리고 계속 더 하다 보면 상대를 편안하게 관찰할 수 있는 수준이 되고 관찰을 하다보면 고객의 마음을 읽을 수 있고, 마음을 읽으면 적절한 대응과 호감, 그리고 원하는 바를 행할 수 있는 경지까지 오를 것이다.

이를 단계적으로 표시하면

불안 → 안정 → 관찰 → 리딩 → 대응 → 성과

이렇게 컴포트존을 조금씩 넓혀가며 고객을 관찰하고 리딩하고 잘 대처하는 사람들은 훌륭한 성과를 낼 수 있는 꽤 괜찮은 프로세일러 상담가, 최면가가 될 확률이 높을 것이다.

흔히들 바람둥이라 칭하는 이성에게 인기 있는 사람 역시 이런 부분들이 매우 발달된 사람이라 할 수 있다.

다양한 측면에서 컴포트존을 넓히거나 깨뜨리는 건 중요하다.

컴포트존은 편안하지만 계속 유지만 하면 정체되고 고정관념에 싸이게 되는 습성이 있다.

남에게 피해를 주지 않는다면 스스로의 컴포트존을 항상 뛰어넘으려 노력하는 습관은 매우 중요하다.

지속적으로 컴포트존을 뛰어넘는 것을 경험하면 그 뛰어넘은 존까지 나의 존이 될 것이다.

많은 자기 계발서에서도 컴포트존을 깨라는 메시지를 전달하고 있다.

"1만 시간의 재발견"이라는 책에서는 안전지대에 머무르면 오히려 퇴보할 수 있다 하였다. 기존 컴포트존을 벗어나 기존과는 다른 시도를 해보는 것이다.

열심히, 보다는 다르게 하기를 도전해 보고 변화를 위해선 가끔은 본인의 틀을 바꾸어 보는 것 역시 중요하다.

원점에서 의문해 보는 **제로 베이스식 사고**의 습관을 길러 보는 것 역시 컴포트존을 깨는 좋은 습관이다

* 제로 베이스식 사고 - 기존의 경험 방식, 성공 요인에서 벗어나 다른 관점에서 사고해 보는 전략.

내 기준에서 서비스 하지 말고 진정 고객들이 원하는 게 무엇인지, 또 그 요구에 내가 당황하지 않고 편안히 잘 관찰하며 리딩하고 유연하게 대응할 수 있는 컴포트존이 넓고 언제든 깰 수 있는 프로 서비스맨이 되어 보는 것이다.

3. 고객 응시법

고객 응시법이라 해서 고객을 무턱대고 쳐다보라는 이야기가 아니다.

사람들은 보통 눈을 보고 이야기 하라고 많이들 이야기 한다. 하지만 자신감이 없어서 못 쳐다보는 사람도 있고 도대체 그럼 어디를 봐야 할지도 난감하다.

누군가와 다툼이 있고 난 후 앙금이 있어 누군가를 쳐다보면 눈에서 레이져 나오겠다는 말을 들어본적이 있을 것이다.

또 반대로 몸이 피곤하거나 관심 없는 사람이나 사물을 볼 때에 누군가 당신에게 "눈이 흐리멍텅해 보인다.", "영혼이 없어

보인다."는 말도 들어 본적이 있을 것이다.

즉 한 곳에 너무 집중하고 눈에 힘을 많이 주는 상태를 보면 상대도 그렇게 느껴지는 것이다. 마치 레이저가 나와 뚫을 것 같은 강렬한 느낌이 전이 되어지는 것이다.

반대로 집중하지 않고 초점 없이 쳐다보면 영혼 없이 나에게 집중하지 않는다는 느낌을 상대가 받는다는 것이다.

그렇다면 어떤 마음으로 고객을 쳐다봐야 좋은 신뢰와 호감을 상대도 나에게 느낄 수 있을까?

지금부터 설명할 이 방법은 나도 사용하는 방법이다. 누군가를 쳐다보고 바라볼 때 눈빛에 에너지가 있다고 생각하고 그 에너지로 바라보는 곳을 살짝 어루만져 준다고 생각하는 것이다.

즉 미세한 파동이나 가벼운 물질이 있다고 생각하고 눈으로 느껴보는 것이다.

바라보는 곳이 상대의 얼굴이면 눈으로 얼굴의 촉감을 느껴보는 것이고 상대가 먹고 있는 음식에 대해 이야기하면 그 음식을 바라보며 음식의 질감을 눈빛으로 같이 느껴보는 것이다.

단 눈빛 에너지의 강도를 너무 강하게 해서 무언가를 뚫을 레이져여서는 안 되고 바라보는 대상을 느낄 정도의 에너지면 된다.

눈빛으로 고객을 가볍게 만지듯 느끼면 고객도 편안함을 느끼게 되고 라포의 시작점이 되는 것이다.

고객을 노려보고 째려보고 졸린 눈으로 쳐다보는 게 아니라 고객을 시선으로 터치하는 습관을 기르는 것이다.

이럴 경우에 고객이 내 시선을 편안하게 느껴지게 되고 고객 역시 궁극적으로 나를 그렇게 바라보게 된다는 것이다. 이런 방법은 일상생활에서 대인관계를 할 때 유용하게 사용할 수 있다.

4. 언어보다는 비언어로 이야기하자.

나를 싫어하는 사람은 나도 싫다. 하지만 나를 좋아하는 사람은 괜히 눈이 한 번 더 가게 되고 관심을 가지게 된다.

그래서 우리가 누군가에게 호감을 사기 위해선 첫 번째로 해야할 가장 중요한 행위는 호감 가는 대상에게 나도 널 좋아해, 라고 표현하는 매우 중요한 전략이다.

그렇다면 좋아하는 감정을 어떤 방법으로 나타내야 세련되고 자연스러울까?

나를 표현하고 감정을 전달하는 방법에는 크게 의식적 레벨과 무의식적 레벨 또는 언어와 비언어로 전달하는 방법으로 크게 나눌 수 있다.

그중 무의식과 비언어로 이야기하는 것이 훨씬 자연적, 직접적으로 받아들여지고 상대방의 저항을 안 받을 확률이 높다.

예를 들어 오랜만에 나간 동창회에서 자기를 뽐내고 싶어서 "나, 니들이 놀 때 열심히 살았고 돈도 많이 벌었고 집도 아주 큰 곳에 살고 있어."

이런 식으로 직접 말했다면 아마도 다른 동창생들은 거부감이 들어 마음 속으로 재수 없어, 하거나 허세남으로 받아들여질 것이다.

하지만 그 동창생이 별다른 행동과 말을 하지 않아도 차고 있는 명품시계나 타고 다니는 고급 자동차와 입고 있는 명품슈트, 그리고 가벼워 보이지 않는 여유로운 표정과 행동과 말투 등이 그가 가만히 있어도 다른 동창생들이 다가와 "너 성공 했구나." 라고 먼저 와서 말을 해주게 된다는 것이다.

필자도 마술 공연으로 관객을 만날 때 마술을 오래 한 노련하고 신뢰할 수 있는 마술사로 보여지고 싶은데 이를 표현하는 방법이 "저는 마술을 오래 해서 기술이 아주 좋고 아주 뛰어 나요." 라고 직접 말로 하는 것보다 무대의상과 함께 화려한 카드 퍼포먼스를 보여주거나 무대에서 행해지는 여유 있는 행동과 표정이 관객들에게 더욱 신뢰를 준다는 것을 알고 말보다 행동으로 보여준다.

최면을 걸 때도 "나는 최면가고 최면을 잘 걸어. 그러니 넌 최면에 아주 잘 걸릴 거야." 라고 말도 필요하겠지만 나직한 저음의 음성, 신뢰할 수 있는 의상, 그리고 최면가를 상징하는 소품이나 인증서 등이 최면가를 신뢰하게 하고 실제로 최면에 더욱 잘 들어가는 것을 경험을 통해 알고 있다.

누군가에게 "나, 너 좋아." 라고 말하면 상대는 장난을 치는 건지 진짜인지 모를 수 있다. 하지만 꽃 한 다발, 그녀를 바라보는 눈빛, 따듯한 포옹은 더욱 더 확실한 "나 너 좋아!" 가 될 수 있는 것이다.

지금부터 매장을 방문한 고객들에게 "나는 당신을 신뢰하고 좋아 합니다." 라고 언어로 말하는 것이 아니라 비언어로 계속 이야기를 해보는 것이다.

첫 번째로 비언어 중 당신을 좋아해요, 라는 호감을 표현 할 수 있는 가장 강력한 무기가 한 가지 있다.

바로 미소, 웃음이다

고객이 방문을 할 때 말과 함께 상냥한 미소가 강력하고 주문을 받을 때도 웃으면서 하는 설명이 더욱 강력한 작용을 할 것이다.

언어보다 비언어로 이야기 하는 습관을 기르고 그 중 강력한 웃음을 이용하여 먼저 호감을 표현하면 고객 역시 나에게 호감을 가지게 될 것이다. 그것이 호감의 문을 여는 첫 단추이다.

5. 날 따라 해봐요 이렇게

(서빙시 미러링 모방해라.)

최면 기법에서는 기분 좋은 라포 형성을 위해 상대방을 따라하는 기법을 **미러링**이라 한다.

* 미러링 효과 - 호감 있는 상대의 동작이나 행동을 따라하는 행

위를 말한다. 반대로 상대의 행동을 모방하면 상대 역시 나에게 호감을 가질 확률이 높다.

즉 이런 기법을 이용하여 매장에서 서비스를 할 때 고객의 패턴을 한 번 따라해 보는 것이다. 고객이 메뉴를 고르고 있으면 같이 고민하는 패턴을 만들고 메뉴를 쳐다보며 밝게 웃으면 같이 웃고, 그런 식으로 행동을 해보는 것이다.

상대방을 거울 보듯 따라 하면 라포가 형성되고 호감을 가지게 된다.

많은 실험과 최면 내담을 통해 미러링 기법은 증명되었다.

또한 **백트레킹 기법** 또는 언어적 모방 기법도 좋은 방법이다.

* 백트레킹 기법 – 스피치 공감 기법 중 하나로 상대방의 말을 한 번 더 따라하거나 정리 해주는 기법.

2003년 릭반바렌 외 1명은 식당에서 종업원의 백트래킹 언어적 모방을 경험한 손님이 종업원을 위해 얼마나 팁을 더 주는지 실험하였다.

60명 집단의 손님에게 주문을 받고 한 쪽 집단에게는 언어적 모방을 하게끔 한 다음 손님이 "스테이크를 주문할 수 있을까요?"라고 말하면 "스테이크 주문 맞으시죠?"

이런 식으로 한 번 더 말해 주는 것이다.

반대 집단에게는 이해했다는 표정과 오케이 사인만 한다.

그 결과 언어적 모방을 한 집단이 68퍼센트 팁을 더 주었다고 한다.

즉 언어적 모방을 상대가 했을 경우 상대는 더욱 호감을 가지게 된다는 의미이다.

미러링과 백트레킹 기법은 상대에게 안정을 주어 호감을 증폭시키는 것이다.

부부는 닮고 사랑하는 사람은 닮아간다는 말이 있다. 인간은 좋아하는 사람의 말투 행동을 무의식적으로 따라한다. 표정 역시 그러하다. 같이 울고 웃고 찡그리다 보면 그 세월이 오래 되면 얼굴까지 닮아지는 것이다.

좋아하는 상대를 닮고 싶고 따라하는 이유는?

상대를 따라하고 싶기도 하지만 **궁극적으로 따라하는 나를 상대가 좋아하기 때문이라는 것이다.**

매장을 찾은 고객이 항상 "날 따라 해봐요!"라고 외친다 생각하고 행동하자.

지금껏 무의식 서빙법이라는 주제로 이야기 해보았다. "그것을 누가 몰라서 못 해." 이럴 수도 있다. 하지만 다시 한 번 우리 인간의 본성을 이해하고 거기에 맞게 대처한다는 큰 틀의 이야기를 하고 싶었고 단순하게 진행 되어지는 서빙이지만 여러 가지 감정적인 부분들과 무의식적 신호가 존재 한다는 사실을 알리고 싶었다.

머리로 아는 것보다 행동하는 게 얼마나 중요한 것인지를 다시금 되새겨 본다.

아는 것보다 행동하는 게 더욱더 중요하다는 사실을 이 마지막 말로 대신 한다.

잘 모를 때 아는 게 사실이 아닐 때보다 내가 안다는 사실을 모를 때가 가장 위험하다.

고객을 만족시키는 최면술

- 고객을 상상하게 하라. 고객은 정육업자가 아니다

　인간 상상의 힘은 위대하고 무한하다.
　사람은 기본적으로 추우면 떨고 더우면 땀나고 오래 뛰면 숨이 가쁘고 혈압이 상승한다. 그 이유는 신체의 표준유지를 위해 일어나고 있는 항상성 현상인 것이다.
　그리고 인간은 정신, 상상으로도 반응을 한다.
　이를 우리는 항상성 호메오스타시스 현상이라 한다.
　우리는 누군가를 보면 기분이 좋아지고 또 누군가를 보면 괜히 우울해지기도 한다.
　또 월드컵 응원가나 댄스곡을 들으면 기분이 좋아지고 이별 노래나 장송곡 같은 음악을 들으면 무거워지고 가라앉는다.
　그 이유는 월드컵응원가를 들으면 2002의 광장 속 어딘가 있던 나를 상상하거나 한국이 축구 선진국들을 통쾌하게 이겼던 그때의 기분이 느껴지기 때문이다.

반대로 장송곡이나 이별노래를 들으면 언젠가 있었던 직간접적 경험을 통한 상상으로 우울해지는 것이다.

우리의 신체가 무의식적 상상을 통해 반응을 한 것이다.

마술에 관심이 조금 있는 분이면 알 수 있는 코인 팜이라는 마술 기술이 있다.

동전이 손안에서 사라지고 나타나는 마술인데 똑같은 숙련도에 같은 동작을 보여준다는 가정의 경우 다음 중 어떻게 시연하는 게 가장 신기할거 같은가?

1. 아무 말도 없이 동전을 보여주고 손 안에 동전을 넣은 후 손을 펴면 사라지는 경우

2. "동전이 사라집니다." 하고 말하며 동작을 하는 경우

3. "동전이 사라집니다." 하고 말하며 손 안에서 동전이 사라질 것 같은 손동작(손을 비빈다던지)을 한 후 동전이 사라진 경우

4. 손동작(손을 비비는....)도 하고 말을 할 때 중간에 1-2초 정도 뜸을 들인 후 "동전이..... 사라집니다." 하며 동전이 사라진 경우

이 4가지 중 가장 신기하게 느껴지는 것은 4번일 것이다.

그 이유는 바로 관객을 상상하게 만드는 작용들을 넣었기 때문이다.

손동작을 해서 상상하게 하고 말로써 뜸을 들여 (동전이.... 사라집니다.) 더욱 더 상상을 증폭시키는 결과를 만들어 더욱 신기하게 느껴지는 것이다.

즉 (동전이 사라진다는 커야? 커진다는 거야? 손에서 연기가 난다는 거야?) 관객은 그 사이 무의식적인 상상을 하고 기대한다는 것이다.

이렇듯 우리는 직접적인 설명이나 현상보다 스스로 상상하게 만들어주면 더 좋은 느낌을 만들어 낼 수 있다.

음식점에 적용한다면 다음과 같을 것이다.

어떤 한 고객이 스테이크 집에 가서 메뉴를 고민하다가 "이 고기 연한가요?" 라고 직원에게 물었다 하자. 그때 반응하는 여러분의 대답이 만약 이러하다면 어떨 것 같은가?

"이 고기는요 1등급으로써 자연 친화적인 공간에서 도축하여 3일간 냉장 숙성시킨 고기입니다."

그러나 고객은 정육업자가 아니다!!

이러한 설명적인 대답보다 아래와 같이 상상하게끔 하는 대답이 고객으로 하여금 기분 좋음을 증폭시킬 수 있다.

"특별한 날, 남자친구랑 이 고기를 드시면 살짝만 씹어도 녹아서 씹는 모습조차 보여주실 필요가 없을 걸요."
 (이 멘트는 조금 느끼한 면이 있으니 적절히 조절하여 사용하기 바란다.)

 이런 이야기를 들은 고객의 무의식은 마치 사랑하는 남자 친구랑 식사하는 기분 좋은 상상과 함께 긍정적인 태도로 바뀌어질 수 있는 것이다. 즉 **앵커링**되어 지는 것이다.

* 앵커 – 닻이라는 의미로 특정 반응을 일으키는 자극.

 이렇듯 우리는 고객을 최대한 상상하게 하면 좋은 결과를 낼 수 있다.
 인간의 뇌는 동물과 달리 가상의 세계나 추상적인 것들로도 임장감을 느끼고 현실화 한다.
 영화에 몰입해서 울거나 웃기도하는 것이다.
 즉 현실은 아니지만 상상하고 반응하는 것이다.
 최면현상 중에 신체가 반응하는 이데오모터 현상이 그러하다. 상상인데 현실처럼 신체가 반응하는 것이다.

 본론으로 돌아가 길을 걷다 상가 밀집가의 매장 간판을 보고 들어가고픈 상상을 하게 만들고, 음식 광고 배너를 보고 침이 고이게끔 상상하게 만들고, 아늑한 인테리어를 보고 연인과 그 곳에 앉아 있는 것만 같은 상상을 하게하라.

고객은 줄 서는 매장을 본 후 "저긴 도대체 얼마나 맛있기에 줄을 서고 있는 거야?"라는 상상을 하고 언젠가 가야지 하고 다짐을 한다.

그리고 실제로 얼마 지난 후 그 줄에 합류하여 2-3시간 웃으며 기다린다.

또 맛집 방송에 나왔던 매장을 검색한 후 기분 좋은 상상을 하며 몇 시간 길을 헤매며 찾아 그 식당에 가서 즐거워한다.

그리고 맛집 방송 속에서 나왔던 주인공인 것처럼 식사를 하고 나온다.

고객을 상상하게 하라!!

손님 기억하여 단골 늘리기

- 아는 척 하기

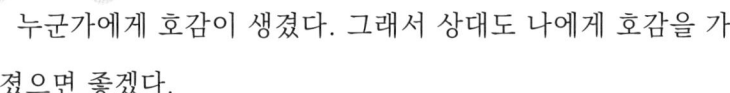

 누군가에게 호감이 생겼다. 그래서 상대도 나에게 호감을 가졌으면 좋겠다.
 어떤 방법이 있을까?
 이런 내용은 연애비법서에 아주 잘 나와 있다.
 자주 얼굴 비추기, 그의 행동 따라 하기, 공통의 관심 주제 갖기 등 굉장히 여러 가지 방법이 있을 것이다.
 그중 첫 번째는 아마도 상대에게 나도 당신에게 호감이 있다고 신호를 주는 것이다.
 나를 좋아하는 사람을 싫어하는 사람은 상대가 스토커가 아닌 이상 아무도 없다.
 그렇다면 호감을 표시하는 방법 중 세련되게 표현하는 방법은 무엇이 있을까?

바로 상대를 기억해주는 것이다.

매장에 적용해 본다면 고객은 나를 기억해주고 이야기 해주는 것만으로도 기분이 좋아지고 매장에 대한 호감도도 상승한다는 것이다.

누군가를 기억해 준다는 것은 "나를 기억할 만큼 중요한 존재로써 생각하는구나." 라는 것이기에 굉장히 기분 좋은 일이고 상대에게는 좋은 느낌과 더불어 믿음과 신뢰를 주기도 한다.

참고로 이런 부분을 악용해 사기의 행각에 쓰여 지기도 한다.

예식장에서 지인인 척 다가가 상대의 이름을 부르면 상대도 마치 기억 못하는 자기가 잘못되어 아는 척 하며 식권을 주기도 하고 심지어 물건을 맡기기도 한다.

필자도 매장을 운영하다 이런 점을 이용해 사기 행각을 하는 사람을 만나기도 했는데 혹시 비슷한 경험을 당할 경우를 대비해 도움이 될까 알려 드리면 다음과 같다.

전날 과음으로 좀 늦게 일어나서 비몽사몽 집에서 쉬고 있는데 매장 직원한테 전화가 온 것이다.

누가 나를 찾는다는 것이다.

그리고 전화를 바꿔 주었는데 다짜고짜 친한 척 하며 "사장님, 저 자주 오는 단골 OO인데 죄송합니다." 하며 부탁을 하는 것이다.

집에 급한 퀵 배달이라고 연락 받고 집에 왔는데 회사에 지갑을 두고 와서 이른 시간이라 부탁할 때가 없어서 퀵 요금 만원만 좀 빌려달라는 것이다.

그러면서 자신이 누구랑 자주 우리 매장에 왔고 무슨 메뉴를 늘 먹었고 설명하면서 기억 못하는 저에게 서운하다며 이야기 하는데 순간 단골 중 한 분이 떠오르면서 죄송하다는 말이 내 입에서 먼저 나오는 것이었다.

그 순간 그 사기꾼은 나에게 아르바이트에게 만원을 받아 간다고 이야기 하면서 이따 퇴근 후 저녁에 돈 드릴 겸 술 한잔 하러 온다, 고 이야기를 하는 것이다.

나는 그 순간 사기임을 알아차리고 "제가 직접 매장에 나갈 테니 잠깐 기다릴 수 없냐." 라고 이야기를 했다.

그랬더니 나오기까지 하실 필요 없다면서 나를 말리는 것이다.

나는 확신을 갖고 5분이면 간다고 하니까 그러면 너무 죄송해서 안 된다며 인근에 사는 다른 친구한테 빌리겠다며 전화를 끊는 것이다.

그날 혹시나 하는 마음에 주위 매장 사장님들에게 찾아가서 물었더니 아니나 다를까 몇 군데서 적게는 1만원부터 5만원까지 빌려주신 것이다.

이렇게 누군가 나를 가짜로 기억해주어도 사람들은 믿어버리고 호의를 베풀어 버린다.

누군가를 기억한다는 것은 이렇게 강력하다.
그렇다면 손님을 어떤 방법으로 기억하는 게 좋을까?

바로 자신의 장점을 이용하는 것이다.

나 같은 경우는 안면인식 장애가 있어서 자영업자로써 최악의 단점을 가지고 있다.

하지만 몇 번을 봐도 기억은 잘 못하고 기억하려면 오래 걸리지만 한 번 기억한 사람은 그 사람의 옷차림 악세사리, 그 당시 시켰던 음식까지 디테일하게 기억한다.

즉 주위가 산만해서 평소에 순간 순간을 기억하지는 못하지만 한 번 집중하고 보면 굉장히 방대한 양을 담아 둔다.

그래서 나는 디테일하게 아는 척을 하는 편이다.

그리고 반대로 고객분들 중 당연히 자신을 알거라 생각하고 나에게 아는 척을 하는데 나는 기억이 안 나는 경우가 정말 많다. 그럴 때에는 아는 척 거짓 연기를 하곤 한다.

직원 중에는 한 번 본 고객을 다 기억하고 저번에 방문하신 분이라며 보는 족족 다 기억하는 직원들도 있다.

그 친구들은 기억은 하지만 이야기해 보면 많은 사람을 기억할 뿐 디테일한 기억은 나보다는 못한 것 같다.

본인만의 기억하는 스타일이 있을 것이다.

그런 점들을 잘 활용하여 고객 얼굴을 잘 기억하고 고객에게 다가가 가볍게 아는 척 인사하면 좋아할 것이다.

얼굴은 잘 기억 못하지만 나처럼 깊게 기억하는 스타일이라면 다가가 일전에 드셨던 메뉴를 주며 저번에 잘 드시기에 서비스 드린다 하면 좋아할 것이다.

단기간에 고객을 기억하는 법을 습득하고 향상시키기는 어렵다.

하지만 본인에게 잘 맞는 방법으로 항상 고객에게 관심을 가지고 기억해주면 고객은 좋아할 것이고 매장에 대한 호감도는 상승할 것이다.

도움이 될 만한 기억력에 관한 명언으로 마무리 한다.

기억을 증진 시키는 가장 좋은 약은 감탄하는 것이다.
-탈무드-

돈을 빌려준 사람은 돈을 빌린 사람보다 훨씬 기억력이 좋다.
-프랭클린-

3. 매장 운영 심리학

줄 서는 매장은 오로지 맛 때문일까

- 줄 서면 줄 선다

 길을 가다보면 줄을 길게 서있는 매장을 보곤 한다.
 무엇을 팔고 도대체 얼마나 맛 있기에 저리 줄을 서 있을까?
 줄을 서는 이유는 한 가지가 아니고 여러 가지 요인에 의해 결정되지만 심리적인 관점으로 설명해 보겠다.
 자영업자라면 하루에도 몇 번씩은 맛집 광고 전화를 받을 것이다.
 필자 역시 스트레스가 쌓일 정도로 광고성 전화를 많이 받는다.
 무슨 역 맛집, 메뉴 이름, 데이트 장소, 키워드당 단가는 얼마이며 체험단 리뷰 보장을 해주고 무료로 지역 맛집 등록은 서비스로 해준다며 1달에 상당한 금액을 요구한다.
 이런 온라인 광고는 과거의 전단지 광고처럼 남들도 다하는 것 같은데 왠지 안하면 안될 거 같이 느껴지기도 한다.

　맛집 온라인 광고가 이렇게 행해지고 있다는 것은 사람들이 그만큼 맛집에 관심이 있다는 방증이기도 한 것이다.

　또 맛집의 열풍은 방송 프로그램에서 크게 한 몫을 하고 있다. 너무 다양한 프로그램에서 맛집을 소개하고 있다.

　또 프로그램에서 맛집이라 소개하고 난 후 다 망해가던 매장이 대박집으로 살아나는 경우도 있다.

　매일 파리 날리던 매장이 유명연예인의 단골이라는 소개로 문전성시를 이루기도 한다. (그러나 알고 보았더니 연예인과 친인척 관계.)

　이렇듯 큰 파장 효과가 있으니 방송국 작가와 방송PD를 빙자해서 협찬 방송이라는 이름 아래 접근하여 당신네 매장을 맛집으로 나오게 해줄 테니 돈을 달라는 브로커들도 굉장히 많이 존재한다.

　물론 비싼 비용을 지불하고 방송에 나간 후에 실제로 줄을 서게 된 매장이 존재한다.

　왜 남이(방송) 맛집이라 소개하고 맛 있다고 한 곳을 사람들은 가고 싶어 하고 줄을 서기까지 할까?

　이 글을 읽는 여러분 역시 줄서는 매장을 한 번쯤은 가본적이 있을 것이다.

　그때 혹시 스스로 자문해 본적이 있는가 ?

　왜 내가 여길 왔는지?

한여름에 땀을 흘려가며 스포츠 경기를 보기위해 직접 경기장을 찾아가 좋아한 적이 있는가?

방송에서 2002 월드컵 광화문 광장 속 인파를 보며 내가 그 때 거기 있었지, 하며 뿌듯해 한 적이 있는가?

그렇다 바로 그것이다!!!

사람은 긍정적이고 즐거운 군중 속 일부가 되길 원한다.

사람은 항상 리더가 되길 꿈꾸기도 하지만 인기있는 집단의 일부가 되는 것도 매력적으로 느끼는 것이다.

동물의 예를 들면 북아메리카에는 레밍쥐가 사는데 이 동물들은 어떤 시기가 찾아오면 아무 이유도 없이 높은 절벽 아래로 뛰어 내리는 자살 퍼포먼스를 하는 것으로 유명하다.

그런데 그 이유를 분석해 보면 정말 황당하기 그지없다.

그냥 몇 마리의 레밍이 뛰면 그냥 주변에 수많은 레밍이 이유 없이 같이 뛴다는 것이다.

어쩌면 우리는 방송에 나온 맛집을 경험한 일부가 되길 바라는 것일 수도 있다.

그리곤 우리는 그 맛집에 관한 정확한 정보 없이 맹목적으로 네비게이션에 주소를 찍고 주차장의 유무만 확인하고 시동을 켜곤 한다.

그리곤 몇 시간씩 아무 불만 없이 그 긴 줄 행렬에 일부가 되어 웃으면서 줄을 서서 기다리곤 한다. 마치 이유 없는 자살 퍼포먼스의 레밍처럼.........

또한 **누적 이득효과**로 이야기 해 볼 수도 있다.

예를 들어 나오기만 하면 1등 하는 유명 가수가 음원을 내면 많은 사람들은 무조건 검색하고 다운로드를 한다.

그러면 순위가 올라가서 음원차트 상위권에 랭크가 될 것이다.

순위가 올라가면 관심 없던 사람들도 검색하고 또 다운로드를 하고 그것을 들은 누군가는 또 추천을 해서 누군가가 또 다운로드하고 또 순위가 올라가고 결국 1등을 한다. (물론 콘텐츠가 좋아야겠지만.)

이런 식인 것이다.

즉 선순환 구조가 나오고 계속 또 다른 대체제가 나오지 않는 이상 계속 누적되고 성장하는 것이다.

줄 서는 매장은 이런 구조로 계속 줄 선다고 생각해 볼 수 있다.

즉 한 번 맛집 광고로 줄을 서면 줄 선 모습을 본 거리의 행인들이 마음 속으로 "저긴 뭘 팔기에 줄을 선거야?" 이런 의문을 가지게 되고 다음에 방문할 마음을 가지고 또 맛을 보고 소문이 나서 더 긴 줄을 서게 되고 계속 선순환 구조가 나온다는 것이다.

물론 기본적으로 맛이 있다, 라는 전제가 있어야 하겠지만 말이다.

하지만 맛이나 서비스가 별로인 매장도 짧은 기간 단타로 맛집 방송 광고와 줄서는 프로세스만으로도 2-3달간 유지는 가능할 것이다.

줄을 서게 하는 아이디어를 공개해 본다.

개업할 때 가격을 대폭 할인하여 줄을 서도록 만드는 방법도 하나의 아이디어다. 혹은 시즌에 따라 이벤트 등을 하여 인위적으로 줄 서게 하는 방법이 있다.

또 다른 이야기로 돌리면 지나가다 줄을 선 매장을 보면 위에 언급 했듯이 여러분들은 아마 궁금해서 "한 번 나도 가봐야겠다." 그리고 멀리 사는 친구에게 전화해서 "우리 동네 줄서는 맛집이 있는데 한 번 같이 가자"고 연락을 할 것이다.

그럼 그 둘은 특별히 음식이 맛 없지 않으면 그 식당에 대해서 100프로 만족할 것이다.

그 이유는 바로 이렇다.

첫 번째, 그 매장은 줄을 서고 있다.

즉 집단이 인정하고 있다는 것이다. 마치 맛이 없으면 내 입맛이 잘못된 것 같다는 생각이 드는 것이다.

일종의 **동조효과** 현상인 것이다.

* 동조효과 - 집단속에서 개인의 태도나 주장을 형성할 때 집단의 압력이 개인의 태도나 행동을 변화시키는 현상.

심리학자 애쉬 박사의 선분 긋기 실험을 참고해 보면 잘 나와 있다.

예를 들면 7-9명 실험자를 대상으로 하고 1명만 진짜 실험자이고 나머지는 협조자이다.

몰래카메라 설정인 것이다.

다른 길이의 선을 제시한 다음 처음에는 올바른 답을 말하다 나중에 전혀 다른 길이의 선 길이를 같다고 협조자가 주장하면 실험자가 같은 주장을 한다는 실험이다.

즉 친구 따라 강남 간다는 것이다.

두 번째, 그 매장은 줄을 서고 있다.

줄서서 기다리게까지 했는데 맛 없으면 안 되는 것이다. 즉 **인지부조화**인 것이다.

스스로 인정하기 싫은 것이다.

* 인지부조화 – 개인이 내린 의사나 합리적 결론이 이전에 믿었던 생각과 행동과 충돌할 때 그 결론이 부조리하더라도 기존의 생각에 부합된 것으로 여기는 것.

극단적 예로 사이비 종교집단 지도자를 따르는 그 추종자들은 지도자가 사이비임이 밝혀지고 거짓인 수많은 증거가 나오고 누군가 사이비라 증언해도 인정하지 않으려 한다.

그 이유는 지금껏 자기가 전부라 믿었던 종교 지도자가 가짜였다는 현실에 대한 도피와 지금까지의 진실이라 믿고 투자했던 에너지와 시간이 송두리째 날아간다는 불안 때문에 스스로 반대 급부를 만든다고 한다.

시사고발 프로그램에서 사이비 종교를 다룰 때 사이비라는 구체적 증거를 대며 신도들을 설득해도 신도들은 더욱더 거세게 항의하고 심지어 폭력까지 행사하는 경우를 볼 수 있다. 대표적인 사이비 종교 사건인 일본의 옴진리교의 사태에서도 이와 같은 일이 일어났다.

스스로 인정한 맛집이 타인에 의해 부정당했을 때의 심리는 사이비 종교의 추종자의 심리와 크게 다르지 않다고 할 수 있다.

이와 더불어 몇 가지를 더 기술하자면 맛집의 대부분은 고소하고 맵고 단맛을 추구한다.

인간은 기본적으로 기름지고 단맛을 추구한다.

아무리 웰빙, 웰빙 외쳐도 진화심리학적으로 원시 시대부터 인간은 오랜 기간 동안 굶주렸으며 쉽게 음식을 확보하지 못했을 것이다.

그리하여 음식이 풍족할 때 지방이라는 영양소로 저장을 하는 생리적 기능이 발달하였다.

알래스카 곰이 강물을 거슬러 오르는 고단백 연어를 사냥해서 영양소를 축적해서 오랜 기간 버티듯이 우리 인간도 축적 가능한 지방이 많고 당분이 많은 음식을 기본적으로 선호한다.

즉 당근, 파프리카가 갑자기 끌리는 현상은 잘 일어나지 않지만 치킨이나 햄버거는 자주 먹고 싶어진다.

그래서 대부분의 맛집은 무한 리필집이거나 달고 자극적이다. 싱거운 맛집, 채소만 쓰는 맛집을 본적은 없을 것이다.

여기까지 줄 서는 매장에 대해 이야기 해보았는데 사실 음식이라는 것은 오래 축적되어온 사회의 문화라는 전제로 음식점을 생각해보았으면 한다.

즉 흐름이 있고 유행이 있는 것이다.

우후죽순 생긴 조개구이집, 연어 무한리필 전문점, 장어 무한리필 집들은 보면 그 수명이 채 2년을 가지 않는다. 하지만 더욱 깊게 생각해보면 오랜 기간 유지하는 30년 전통의 국밥집, 냉면 집들도 있다.

나라마다 발전해온 음식과 입맛은 조금 다르다.

왜 더운 지방은 매운 음식이 발달 했는지, 왜 일본은 초요리가 발달 했는지, 오랜 기간 동안 기후적 지리적 역사의 산물이라 할 수 있을 것이다.

이렇게 만들어진 한 국가의 음식문화는 단순한 유행을 따르지 않고 국민의 혀와 뇌에 깊게 자리잡혀 있다.

이를 잘 생각해 봐서 메뉴와 콘셉트를 정해 창업을 하고 운영을 해서 모두 오랜 기간 줄 서는 맛집이 되었으면 한다.

참고로 필자가 운영하던 매장이야기를 해볼까 한다.

필자가 운영하던 매장은 한때 새우철에 '대하 무한리필'이라는 메뉴로 한시적으로 운영한 적이 있다.

정확히 그 메뉴를 기획하고 제공한 후 일주일 후부터 줄을 섰고 나중에는 너무 줄이 길어 직원들이 힘들어해서 원래는 새벽 3시까지 운영하던 매장을 12시가 넘으면 재료 소진이라는 이유로 강제로 문을 닫기도 하였다.

그렇게 새우철이 마무리되기 전까지 약 3개개월간 계속 줄을 세우며 고공행진을 했는데 그 내막을 공개하자면 사실 이러하다.

그 당시 우리 매장은 사실 매출이 하락세였다.

그 이유는 여러 가지겠지만 주변에 비슷한 콘셉트의 깔끔한 인테리어의 신규업소도 여럿 생기고 우리 매장은 오래되어 시설 노후가 심했다.

그래서 과감히 그 해를 마지막 영업으로 다시금 열정을 올리기 위해 새해에 업종 변환 계획을 준비하고 있었다.

그래도 마지막 남은 약 4개월을 알차게 장사하기 위해 실장님과 회의를 했는데 그때 의견이 나왔던 게 새우철에 새우요리를 무한리필 해보면 괜찮을 거 같다는 거였다.

굉장히 단순했다. 작년 새우철에 새우구이를 팔았는데 잘 팔렸으니깐 올해 어차피 마지막이니 무한리필 한 번 하고 인테리어 하자, 였다.

매장을 바꿀 계획이 없었다면 아마 시도하지 못했을 것이다. 왜냐면 새우철이 끝나면 다시 기존 콘셉트로 복귀하기가 어려운 회기불능 메뉴였다. 왜냐면 기존에 팔던 메뉴를 과감하게 일시적으로 팔지 않았기 때문이다.

그런 이유로 메뉴를 바꾸고 입구에 현수막을 한 개 걸고 시작했는데 바로 일주일 뒤부터 줄서기 시작했고 약 20일이 지났을 때는 줄이 너무 심하게 서서 재료 소진 문구를 적고 너무 힘이 들어 매장을 일찍 닫을 정도로 잘 되었다.

일단 우리 매장은 왜 줄을 섰을까?

맛있어서?
서비스가 좋아서?
위치가 좋아서?

내가 볼 때 '제철 메뉴인 새우를 무한으로 먹는다'는 파격성이 마케팅적으로 잘 나타난거 같고 제철 메뉴의 희소성과 철 따라 방송 정보 프로그램에서 알아서 광고해주는 막대한 간접 효과도 꽤 본거 같다.

사실 다른 무한 리필메뉴의 단점은 그 음식의 엄청난 매니아가 아닌 이상 방문하면 질리게 먹을 것이고 몇 번 더 오면 또 오기가 부담스러울 것이다.

장어 무한 리필, 삼겹살 무한 리필, 연어 무한 리필이 그러하다. 그리고 왠지 무한, 하면 저급 재료를 사용할거 같다는 인식도 있다.

하지만 '제철 무한리필'은 제철이라 재료가 신선하고 (사실 우리 매장은 높은 재료비 때문에 100프로 살아있는 새우를 쓰지는 못하였다.) 이 때가 아니면 못 먹는다는 희소성, 제한성이 고객에게 잘 어필된 것이다.

또 고객들은 1년 후에 또다시 철이 돌아 왔을 때 반복적으로, 학습적으로 먹고 싶은 욕구가 생기게 된다.

또 길가에 위치해 있는 점포특성상 길 가던 고객과 빨간 신호에 걸린 차량 안에서 고객들이 줄 서고 있는 매장을 보고 오고 싶은 욕구가 생겼을 것이다.

　그 이후 두 번째 해에는 고객 스스로 정화되어지고 광고 누적이 이미 되어있는 우리 매장은 더욱 고공행진을 했다.

　과정 없는 결과는 없다 하였다.

　무심코 한 작은 시도가 큰 결과를 내기도 한다.

놀이동산 같은 매장은 자주 찾는다

- 긍정 촉발기제(트리거)

  친한 친구들과 해외여행을 가기로 했다고 하자. 아마 티켓팅을 할 때부터 설레는 마음이 들 것이다. 캐리어에 짐을 챙기고 현지 가서 입을 옷을 입어보고 여행 코스를 짜고 이 모든 과정이 즐거울 것이다.

  그리고 설레는 마음으로 공항을 가고 비행기를 타고 여행 현지에 도착하면 설레고 즐거운 마음은 최고조에 오를 것이다. 여행 가서 만나는 대부분의 사람들은 우울한 기색은 전혀 없고 항상 웃고 있고 즐거워 보인다.

  우리가 생각하는 즐거운 장소(클럽, 여행 장소, 백화점, 맛집, 놀이동산)에 있는 대부분 사람들은 웃고 있지 슬퍼하지 않는다.

  이런 생각을 해본다.

환경이 우릴 만들까 ?

우리가 환경을 만들까?

무슨 이야기인가 할 것이다.

음식점을 오픈한다면 음식점이란 환경은 어떤 동기와 목적에 의해 내가 직접 만든 것이다.

어렸을 때부터 요리사가 꿈이였든지 아니면 다니던 직장에서 퇴직 후 노후보장을 위해 차렸거나 프렌차이즈 사업을 하기 위한 첫걸음으로 시작했을 수도 있고 어쨌건 이유가 있을 것이다.

내가 어떤 목적에 의해서 음식점 창업을 하지만 반대로 내가 꾸리고 만든 그 음식점이란 환경은 다시 나에게 영향을 주어 나를 변화하게 한다는 것이다.

직장인이라 평일에 출근하고 주말엔 빠짐없이 교회에 다녔던 분이 있었다.

만약에 이 사람이 심야 음식점을 오픈하면 그 사람의 상황은 어떤 변화를 갖게 될까?

많은 직원을 고용하는 대형음식점을 차리지 않고 오너가 직접 운영하는 음식점을 차리는 순간, 밤 낮이 바뀌고 매장 문을 닫지 않으면 주말에도 쉴 수 없게 되어 교회를 갈 수 있는 시간이 줄고 자연히 신도들과 만남도 적어지고 오픈한 식당 주변에 있는 새로운 이웃사촌이나 매장의 친한 손님들로 인맥이 대체되는 환경적 변화를 가지게 된다.

우리가 만든 환경은 나에게 또 다른 환경적 변화를 주게 되는 것이다.

어떤 때는 주어지는 환경의 요인 뿐만 아니라 시간에 따라 사람의 감정이나 태도가 다양하게 바뀌기도 한다.

한 예로 평범한 사람도 오전에는 깐깐한 성향이었다가 점심에는 천사가 되기도 하고 저녁에는 냉정한 인간이 되기도 한다.

예를 들어 보면 김지영이라는 30대이고 자녀를 둔, 이혼을 앞 둔 여자가 있다고 하자. 김지영은 누구와 있고 어디에 있는지에 따라 자연스럽게 무의식적 영향을 받고 바뀌게 되는 것이다.

김지영은 휴대폰이 오래 되고 망가져서 오전에 대형 휴대폰 매장에 가서 평소대로 깐깐하게 이것 저것 물어보고 휴대폰을 사고, 점심에는 자녀가 있는 유치원에 가서 천사같은 미소로 아이를 데려오고, 저녁에는 이혼하려는 남편이 있는 집으로 가 한마디도 하지 않는 냉정한 사람처럼 보여지기도 한다는 것이다.

본론으로 돌아가 우리 매장에 온 고객에게 우리 매장은 어떠한 환경으로 보여질 것이며 고객에게는 어떤 변화를 줄 수 있는지를 생각해보자.

내가 차리는 매장이 호텔 이상의 고급 레스토랑이라면 고객들은 직원들에게 일류 서비스를 당연히 원할 것이다.

만약 그 기대치에 미치지 못하고 직원들이 그 역할을 못하면 고객들은 불만을 가질 것이며 다시 방문하지 않을 것이다. 심지어 꾸지람을 하고 가는 고객도 있을 것이다.

이 고객들이 이런 마음을 갖게 되는 이유는 우리 매장의 프레임이 일류 레스토랑이라는 이미지를 갖게 했고 고객은 무의식적으로 거기에 걸맞은 페르소나를 가지게 되는 것이다.

고객은 카멜레온이다

같은 사람이라도 그가 어디 있는지에 따라 변한다는 것이다.

허름한 동네 감자탕집과 일류 레스토랑을 방문했을 때 고객 스스로 그들은 장소에 맞추어 행동이나 역할을 바꾼다는 것이다.

새벽녘에 친구들과 감자탕 집을 방문했을 때 주인이 꾸벅꾸벅 졸고있고 호출벨을 눌러도 서빙하는 분이 오지 않아서 본인이 직접 소주를 냉장고에서 꺼내 먹어도 이해하던 사람이 일류 레스토랑에서 종업원의 사소한 실수에도 예민하게 군다는 것이다.

즉 일반 환경 → 촉발환경(**트리거**) → 무의식적 수용 → 행동변화

이런 프로세스의 변화를 갖게 된다.

* 트리거 - 행동이나 생각을 바꾸는 자극(방아쇠라는 뜻)

꼭 이런 큰 프레임뿐만 아니라 작은 사건이나 행동도 트리거

가 될 수 있다.

　호텔 레스토랑에서 연인과 이야기하면서 맛있는 스테이크를 먹고 있었다.

　바로 그때 검정 큰 물체가 보인 것이다. 테이블로 기어가는 바퀴벌레를 본 것이다.

　그들은 바로 식사를 멈추고 종업원에게 한 마디 하고 기분 나쁜 감정으로 매장을 나올 것이다.

　즉 바퀴벌레를 보고 놀라고 짜증난 감정이 청결과 음식에 대한 의심에 이어서 매장 자체의 불신으로까지 이어진 것이다.

　사실 바퀴벌레는 외부에서 날아들어 올 수도 있고 본인의 집에 있는 벌레가 가방으로 옮겨져 올 수도 있는데 말이다.

　하지만 그 연인들은 바퀴벌레의 등장이라는 부정 트리거가 강력하게 작용된 것이다.

　반대로 음식점 벽에 있는 해충방지 업체의 방역 기계나 스티커를 보면 이 곳은 위생에 신경쓰는 곳이라는 안심과 함께 매장에 대한 긍정적 변화를 갖게 된다. 긍정 트리거가 작용한 것이다.

　고객입장에서 매장의 긍정적 트리거는 어떤 부분이 있을까?
　메뉴 원산지표시, 청결 직원의 깔끔한 복장, 서비스 원재료의 정량표시, 긍정적 문구의 안내문 (당일 손질한 고기만 사용합니다. 매일 직접 김치를 담그고 있습니다. 제주도에서 직접 공수한 갈치만 사용합니다 등.)

매우 많을 것이다.

이런 기분 좋은 긍정적 트리거를 실행하지 않거나, 반대로 나타나면 부정적 트리거가 작용되는 것이다.

(바퀴벌레의 등장, 중국산 김치 사용, 인사하지 않는 직원, 컵에 묻은 립스틱 자국 등)

긍정적 트리거가 충만한 장소를 뽑자면 그 중 놀이동산이 으뜸일 것이다.

놀러가는 설렘과 행복한 마음가짐, 같이 온 좋아하는 친구나 연인, 다들 웃고 있는 직원들, 재미있는 놀이기구와 이벤트, 억지로 부정적인 것을 꼽자면 롤러코스터의 긴 줄 정도일 것이다.

(사실 이 긴 줄도 줄 서는 맛집과 같은 즐거운 마음일 것이다.)

우리는 매장을 꾸미고 운영할 때 긍정적 트리거가 충만한 매장을 만들어 고객이 마치 행복한 놀이동산으로 놀러온 것처럼 기쁜 마음을 갖게 할 수 있다면 최고의 매장이 될 것이다.

지금부터 매장의 부정 트리거는 삭제하고 매장의 긍정 트리거가 무엇이 있는지 생각해 보고 확대해 보자.

조리복을 입으면 조리사가 된다.

- 슈퍼맨은 슈퍼맨 복장을 입어야 힘이 나온다

의식주 중 내가 누군지 나를 가장 직접적으로 잘 표현해 주는 것은 아마도 의상일 것이다.

의상은 의식적인 것과 무의식적인 것이 같이 표현되고 내포되어있다.

우연히 길에서 마주친 친구의 의상이 화려하다면 아마도 여러분들 역시 친구에게 이렇게 말할 것이다.

어디 좋은데 가나 봐?

이런 질문을 받은 대부분의 사람 역시 그렇다 할 것이다.

아마도 그 친구는 클럽을 가거나 사모임이 있거나 그럴 것이다.

검은 옷을 입은 분들을 보면 대충 현재 안 좋은 일이 있구나, 라고 유추할 수 있다.

의상은 표현 수단이기도 하지만 우리가 의상을 입었을 때 그 의상에 맞게 행동을 하기도 한다.

화려한 옷을 입은 날은 왠지 조금은 화려하게 행동하고 상복을 입으면 점잖아지게 행동을 하게 된다는 것이다. 의사의 가운, 간호사의 하얀 유니폼, 군인의 제복 등 직업을 상징하는 옷들은 더욱더 그러하다.

대표적인 예가 평소에는 조용한 성격인 사람들이 예비군 훈련장에서 예비군복을 입으면 주머니에 손을 넣고 모자는 대충 쓰고 조금 껄렁거리게 변하는 사람일 것이다.

개인적인 경험으로도 친한 동생 중에 경찰이 있다.

그 동생은 평소에는 굉장히 장난끼도 많고 잘 웃는 성격인데 한 번은 그 동생과 급한 용무가 있어 동생이 퇴근하기도 전에 경찰 제복을 입고 만난 적이 있는데 평소와 달리 장난도 안하고 조금 무겁게 행동하는 모습을 보고 평소와 다름을 느낀 적이 있어서 의상이 주는 무거움을 느낀적이 있다.

이와 같이 의상이 주는 심리효과에 대한 흥미로운 실험을 소개 하자면 아래와 같다

1979년 미국의 심리학자인 존슨과 다우닝은 흥미로운 실험을 하게 되는데 60여명의 여성에게 백인 우월주의 단체인 복장과 간호사 복장 둘 중 한 벌을 입게 하여 서로 문제를 풀게 한 후 틀릴 시 6단계의 전기쇼크 버튼 중 하나를 눌러서 처벌을 하는 실험을 진행 하였다.

제복의 차이만 있을 뿐 다른 것은 동등한 조건으로 이루어진

이 실험의 결과는 놀랍게도 큰 차이를 보였다고 한다.

간호사 옷을 입었을 때는 낮은 단계의 전기충격의 버튼을 누른 반면 우월주의 단체의 복장을 입었을 상황에서는 상대적으로 높은 단계의 버튼으로 상대에게 큰 충격을 준 것이다.

이렇듯 복장에 의해 인간의 행동과 심리상태가 변하는 것을 제복효과라 한다. 그리고 추가적으로는 일종의 **프라이밍 현상**이라고 말할 수도 있다.

* 프라이밍 현상이란 사전의 내용이 후에 접하는 내용에 영향을 주는 것이라 할 수 있는데 프라이밍 효과의 예로 코카콜라는 뉴스 이후에 광고를 금지하고 있다고 한다. 뉴스라는 것이 대부분 부정적인 내용을 다루기 때문에 그 부정적인 내용이 코카콜라의 이미지까지 부정적으로 느끼게 할 수 있다는 이유에서다.

또 소년 소녀 가장 기부운동 방송을 할 때 아프리카에서 굶주린 아이들을 보호하고 구호활동을 하는 모습을 방송에서 보여주면 기부금액이 더 늘어날 것이다.

그런 이유에서 상대가 좋아하는 맛있는 저녁을 먹으면서 하는 소개팅이 에프터 성사 확률을 높여준다.

다시 의상으로 돌아와서 이야기 해보면 어떤 의상을 보거나 입고 있을 때 우리는 무의식적으로 입고 있는 그 복장과 관련된 지식이나 정보가 떠올라 그 복장과 일치하는 방식으로 변화하고 행동하게 된다는 것이다.

필자 역시 마술사 복장을 입었을 때는 좀 더 신사다워지고 가벼운 행동을 안 하게 되는 경향이 있고 매장에서 조리복이나 유니폼을 입었을 때와 사복을 입었을 때 행동이 달라짐을 느끼곤 하였다.

의상에 맞게 행동을 하게 되어지는 것이다.

조리복이나 유니폼을 입고 코를 파거나 맨손으로 침을 닦거나 이런 비위생적인 행동은 잘 안하게 될 것이며 또 반대로 고객의 입장에서도 조리복을 입은 조리사를 보았을 때 신뢰감이 생기는 **후광효과** 역시 굉장히 클 것이다.

* 후광효과 – 어떤 대상이나 사람에 대한 견해가 그 대상의 구체적인 특성까지 평가하는 것까지 영향을 미치는 현상.

　그래서 의상은 나를 보여주기도 하고 나는 의상에 맞춰 바뀌기도 한다.
　또한 조리복은 주인과 고객의 신분을 구별해 주는 수단이다.
　"나는 주인이고 너는 손님이야."
　이런 말을 표현하는 방법이고 또 고객 입장에서 누가 손님이고 누가 사장인지 표식을 해 주어 정보전달 차원에서도 필요하다.
　의상은 성실성을 높여주는 이미지 역할을 한다.
　일상에서 신분이 낮은 직업도 유니폼을 입고 일하면 정갈하게 보이고 성실하게 보이는 것은 유니폼의 힘이다.
　본인이 유명 셰프가 아니라는 전제에서 조리사로 보이고 싶고 신뢰감을 주고 싶다면 조리복을 입어라.
　그러면 고객은 당신은 훌융한 조리사로 볼 것이며 신뢰할 것이다.
　멋진 조리사복을 입은 당신은 마치 슈퍼맨이 공중전화 박스에서 슈퍼맨 복장을 갈아입고 나와 괴력을 발휘하듯 당신 역시 멋진 조리사로 변하게 될 것이라 믿어 의심치 않다.
　그것이 의상이 가지고 있는 파워이다.

4. 음식 맛의 심리학

'맛있다'는 진정한 의미는?

'맛없다'는 단어 그대로 말하면 미각의 맛이 느껴지지 않는 무미인 것이다.

하지만 "음식이 별로네, 맛이 별로네." 라고 말하는 '맛없다' 라는 의미는 음식점에 방문한 고객이 어떤 이유에 의해 마음에 들지 않는다는 것이다.

서비스가 별로, 맛이 별로, 재료가 별로, 위생이 별로, 사장 마인드가 별로였던 이 모든 것들이 포함된 의미라 할 수 있다. 아무리 재료가 신선하고, 조리자의 조리 기술이 뛰어나도 다른 요인에 의해 평가 절하될 수 있다.

수저에 고춧가루가 묻어있거나 접시나 식기의 청결 상태나 관리 상태에 따라 음식의 평가가 달라질 수 있는 것이다.

또한 종업원이 서빙을 할 때 불친절하면 기분이 나쁠 것이고 먹는 음식까지 안 좋은 영향을 줄 것이다.

이렇듯 음식은 맛 뿐만 아니라 여러 가지 요인에 의해 음식의 맛있다, 맛없다로 평가된다.

사실 외부 인자 없이 음식 자체만 놓고 보았을 때 맛없는 음식은 쓰거나, 비리거나, 고약하거나, 역하거나, 매우 짜거나, 매우 달거나, 즉 밸런스가 안 좋은 음식일 것이다 .

그중 가장 싫어하는 맛인 쓴맛이나 비리고 고약한 맛에 간단히 설명하자면 다음과 같다.

사실 쓴 맛은 진화적으로 독의 맛이다.

쓴맛을 느낀다는 것은 진화적으로 독초를 피하기 위한 발전된 적응이고, 고약한 맛 역시 오염된 음식을 피하기 위해 발전된 감각이고 역한 음식을 먹고 구토하는 현상은 오염된 음식을 더 먹지 못하게 하는 우리 몸의 방어기제 현상이다

입덧 역시 이런 관점으로 보면 감염을 막는 역할을 한다.

음식의 맛 중 너무 달고 쓴 음식은 우리 몸의 적절한 항상성 유지를 위해 피해야하는 맛이다.

또 참고로 식물의 입장에서 보면 종의 번식을 늘리기 위해, 상위 포식자에게 먹히지 않기 위해 보호 맛을 만들어 더 쓴맛으로 발전하기도 하고 산 속 높은 곳에 아니면 땅 속 깊은 곳에 열매를 저장하는 것이다.

또 맛있다, 라는 느낌의 감각과 감정은 주관적이며 학습의 결과이기도 하다. 우리가 맛있게 먹고 줄 서 가며 먹는 트렌드한 음식들이 우리 부모님 연세들이 드시기에는 조금은 달고 느끼

하며 자극적으로 느껴질 것이다.

시대가 변하면 추구하는 맛도 변하기 때문이다.

미식가의 사전적 의미는 음식에 대하여 특별한 기호를 가진 사람, 음식을 찾아먹는 사람이라 한다.

미식가는 미각이 비교적 발달한 사람일 것이다. 즉 혀의 미뢰가 발달하여 남보다 더 예민하게 느끼는 것이다.

주변 사람들 중 "난 미식가여서 여기 냉면 아니면 안 먹어.", "피자는 OO 것만 먹어", "OOO해물탕 아니면 난 비려서 못 먹어." 하며 까다롭게 구는 사람이 있다.

그렇다면 과연 이런 미식가는 좋은 것이며 진정한 미식가인가? 여자 중에 진짜 금목걸이를 안차고 가짜를 하면 두드러기가 나는 여자도 있고 갓난 아기 중에 순면 기저귀를 하지 않으면 두드러기가 나는 아기도 있다.

이런 경우는 피부가 예민한 것이라 할 수 있다. 예민하다는 것은 수용 범위가 좁다는 것으로 표현 될 수도 있다.

아무거나 안 먹고 음식을 가려먹는 사람은 미식가가 아닌 것인가? 아닌 것이다.

음식을 예민하게 반응하는 것은 미식가이기보다 혀의 감각이 예민하고 음식을 받아들이는 신체의 수용체계가 넓지 않다는 의미로도 해석될 수 있다.

그래서 진정한 미식가는 아무거나 잘 먹지만 대충 먹지 않고 음식을 음미할 줄 아는 깊이를 가진 사람, 즉 넓고 깊게 느낄줄 알고 잘 훈련되어진 혀와 감각체계를 가지고 있는 사람이다.

음식은 입이 아닌 눈으로 먹는 것이다

- 음식과 시체, 그리고 시각화

'음식과 시체'는 공통점은 찾아 볼 수 없는 상반되는 이미지이다.

지금부터 우리가 먹는 음식과 시체의 공통점, 그리고 왜 음식을 시각화하는 게 중요한지를 이야기 해보려 한다.

우리에게는 시각, 청각, 촉각, 후가, 미각이라는 오감이 있다. 일상생활에서 우리는 이 오감을 종합적으로 사용한다.

그 중 우리에게 가장 큰 사용량 내지 비중을 차지하는 것은 아마도 시각일 것이다.

눈을 감거나 자지 않으면 실시간으로 무엇인가를 계속 보고 있고 우리의 뇌는 시각적 정보를 계속 받아들이고 있고 저장하고 있는 것이다.

그리고 시각은 오감 중 가장 먼저 사용되기도 한다.

만약 식탁 위에 곰팡이가 여러군데 나있는 식빵이 있다고 하자. 오감 중 가장 먼저 눈으로 보고 우리의 뇌에 "저건 곰팡이가 있어서 먹으면 배탈날거야." 라는 정보를 주고 그 정보를 바탕으로 첫 번째 판단을 내린다.

그 후 냄새, 촉감으로 상한 식빵임을 더욱 확신하고 강화하고, 확실하지 않을 때는 마지막 최후의 감각인 미각으로 맛을 보곤 판단한다.

이렇듯 우리 신체를 보호하거나 유지하기 위한 중요도에 있어서도 시각은 첫 순위이다. 또한 사람은 무엇을 상상하거나 생각할 때 이미지로 시각화하는 경우가 대부분이다.

강아지를 상상하라 하면 강아지 형태를 상상하는 경우가 많지 강아지 냄새나 맛 촉감을 떠올리는 사람은 드물 것이다.

이렇듯 사람마다 선호 **표상체계**가 다르지만 보편적으로 시각화하는 경우가 많다.

* 표상체계 – 시각, 청각, 촉각, 후각, 미각 즉 오감을 이용하여 내면의 경험 기억을 표상하는 여러 경로 체계.

필자도 최면 유도를 할 때 첫 내담자의 선호 표상체계를 파악하기 전에는 주로 시각화해서 최면 세션을 진행한다.

예를 들어 아래와 같은 게 있다고 하고 무엇을 먹고 싶은지 머릿속으로 상상 해보자.

1. 질퍽한 검은 젤 형태 액체.

2. 형태를 알아 볼 수 없는 뭉그러진 초코 케익.

3. 우유, 밀가루, 계란, 버터, 초코가루, 첨가제.

4. 조명 켜진 쇼케이스 안의 초코 케익.

위 4가지는 사실 형태만 다를뿐 다 같은 내용물이다.
1번은 굽기 전 쵸코케익이고 3번은 쵸코케익의 재료이다.
하지만 우리는 4번 쵸코케익을 가장 맛있게 생각한다.
훌륭한 베이킹 기법으로 모양을 냈고 멋지고 맛있게 쇼케이스에 진열되어 있기 때문이다.

이제 케익이 아닌 동물로 가보자.
산 속에 죽은 동물 시체가 있고 그것을 본 당신이 군침을 흘렸다면 어쩌면 아직 진화가 덜되어 날고기를 좋아하거나 상상력이 매우 앞서가는 사람일 것이다.
그러나 생각해보면 동물 시체를 잘 손질하면 날고기가 되고 그 날고기를 익히면 먹을 수 있고 또 다양한 조리 기법으로 요리를 하면 맛있는 음식이 되고 아름다운 접시 위에 장식으로 꾸미면 음식 문화가 된다.

정리하면 맛있는 고기 음식이란?

어쩌면 동물 시체를 열이나 기타 방법으로 유해한 세균이 박멸된 상태에서 최대한 시체처럼 안보이게 만들면 된다는 것이다.

또한 거기에 좋은 식기와 테이블 세팅, 어울리는 주류나 음료와 디저트와 알맞은 식사법과 분위기 있는 음악이 더해지면 음식문화가 되는 것이다.

사실 이러한 면에서 음식 문화와 장례 문화는 유사점이 많다. 최대한 시체의 흔적을 지우고 생명으로 승화시키고 지위가 높을수록 화려하고 고급스러움을 추구하고 남의 이목을 중요시 여기는 점에서 그러하다.

이렇듯 음식의 시각화가 중요한 이유에 대해 생각해보자.

동일한 재료여도 좋은 플레이팅을 했을 때 더 값어치가 상승한다.

음식이 맛있어 보인다고 할 때 조건은, 신선하고 조리가 잘 되었고 마지막으로 어울리는 식기에 맛있어 보이게 담았을 때이다.

거기다 작은 장식까지 하면 화룡점정인 것이다.

아무리 조리가 잘 되어도 아무 그릇에 대충 놓으면 맛없어 보이는 것이다.

우리는 가장 맛있어 보이는 호텔 식당 조명 아래서 아름다운 식기 위에 잘 장식된 스테이크를 먹을 때 눈으로 즐기고 그 상상이 내 미각을 자극하고 이걸 먹는 나는 지위가 향상됨을 느끼고 그럴 때 나는 비싼 돈을 지불해도 아깝지 않다는 것이다.

<u>비싼 보석을 팔 때 보석 자체를 빛나게 하는 것보다 보석을 착용한 고객을 빛나게 하는 게 더 중요하다.</u>

보기에 좋지 않은 음식은 뇌 속에 이미 맛없을 거라는 인식이 생기고 실제로는 맛이 있어도 맛을 느끼지 못한다. 하지만 보기에 좋은 음식은 맛이 없어도 맛이 있다고 뇌는 인식하는 것이다.

이래서 좋은 재료, 좋은 조리법 못지않게 어울리는 식기와 장식, 마지막 담는 법, 매장의 분위기까지 중요한 것이다.

그래서 같은 케익이지만 뭉그러진 초코 케익은 쓰레기통으로 가고 쇼케이스 안의 초코 케익은 선물 상자로 가는 것이다.

맛은 세뇌 학습이다

- 혀는 바보

보통의 사람들은 자신의 입 안에 무언가를 넣고 맛있다, 맛없다 다양하게 느끼며 이야기 한다.

'맛있다'를 느끼는 현상은 우리 혀의 미뢰를 통해 들어온 감각이 신경을 타고와 뇌에서 판단해서 내려지는 것이다.

과연 그렇다면 우리의 미뢰와 뇌는 맛을 잘 판별하는 훌륭한 미식가일까?

잠시 간단한 예를 들어 보겠다.

한적한 오후, 식사 시간이 되니 출출하다.

출출한 나는 편리한 스마트폰 속 배달앱을 터치한다. 그리고 그 안에 있는 다양한 배달 음식을 검색한다.

그런데 오늘은 왠지 피자가 땡긴다. 피자 전문점의 화려하고 큼직한 피자 사진을 보니 더욱 먹고 싶어진다.

  마음의 결정을 하고 치즈가 아주 듬뿍 뿌려져 있는 피자를 고르고 다양한 토핑도 추가하고 크러스트도 추가해서 주문을 하고 결제를 한다.

  벌써 생각만으로도 침이 고인다.

  30분 후 초인종이 띵동! 하고 울린다.

  문을 열고 나가보니 아래층 입구에서부터 피자의 고소한 냄새가 난다. 피자가 도착한 것이다.

  배달 사원에게 결제를 하고 피자를 양 손에 건네받는다.

  내 앞으로 건너온 피자에서는 더욱더 고소한 냄새가 강렬하다.

  피자 포장은 매우 깔끔한 박스에 정갈하게 포장되어 있고 다양한 소스도 담겨있다.

  아직 피자는 먹지 않았지만 피자는 이미 내 입에 들어간 거 같다.

  옆에 있는 콜라는 매우 청량해 보여 피자로 막힌 내 목구멍을 시원하게 뚫어줄 거라 믿어 의심치 않는다.

  입에 침이 고인다.

  피자를 한 조각 집어 들고 갈릭 소스와 핫 소스를 뿌려 입에 넣으니 그 고소함이 일품이다. 목이 막혀 콜라를 한 잔 원샷 했더니 너무 청량하고 개운하다,

  위에 내용은 음식을 상상하고 먹기 전까지의 전개를 가상으

로 기술해 본 것이다.

이와 같이 우리는 음식이 혀에 닿기도 전에 문장만으로 뇌에서 이미 상상을 한다.

그리고 먹기도 전에 침이 고이기도 한다.

미각이 먼저 접하기 전에 시각, 후각, 오감을 통해 먼저 느끼기도 한다.

맛은 복합적으로 느끼게 되어져있다.

잠시 이야기를 돌려서 이야기 하자면 우리의 뇌는 뇌관, 변연계, 대뇌피질로 크게 나누어져 있다.

생존 및 생리를 담당하는 뇌관, 감정 및 장기기억 등을 담당하는 변연계, 단기기억 논리를 담당하는 대뇌피질.

우리는 시각, 후각 등을 통해 음식을 혀로 맛보기 전에 느끼고 이후 우리는 대뇌 피질로 판단하고 변연계 속 기억이나 감정을 통해 느끼는 것이다.

피자를 먹고 맛있었던 기억과 감정이 뇌에 남아 있어 피자를 먹기도 전부터 우리는 느낄 수 있고 실제로 입 안에 들어가면 그 느낌이 전과 다르지 않기에 전이되고 증폭되는 것이다.

반대로 얼마 전 피자를 먹고 배탈이 나서 구토를 하고 식중독이 걸리기까지 안 좋은 상황이 있었으면 배달 온 피자를 먹기 전부터 불편하고 실제로 맛있는 피자였어도 왠지 맛이 없는 것처럼 느껴질 것이다.

(구토는 증상이기도 하나 추가적 감염을 막는 잘 발달된 신체방어기제이다.)

짜다, 달다, 시다는 염도, 당도, ph의 어느 정도 범위 안에서 느껴지는 객관적 지표이다

하지만 맛있다, 맛없다는 객관적 지표이기도 하지만 먹는 사람의 취향마다 다른 주관적 지표이기도 하다. 맛은 개인이 경험한 산물이며 오랜 기간 본인에게 학습되어지기도 하다는 것이다.

즉 맛은 문화고 세뇌(학습)이기도 하다.

신토불이는 농산물 보호를 위한 표어이다.

자신이 속한 집단, 나라의 음식이 가장 건강하고 맛있다고 대부분 생각한다.

하지만 항상 그렇다고는 볼 수 없다. 우리나라의 짱아치류나 찌개는 염도가 매우 높아서 건강한 음식이라 할 수는 없다.

또 과거에는 내륙지방에서 먹을 수 없는 멸치나 조개류 같은 해산물 종류를 부패와 저장 기간을 길게 하기 위해 염장을 하고 발전한 우리나라 젓갈문화가 있다.

그래서 젓갈은 짜고 그래서 염장에 의해 오래 두고 먹을 수 있는 것이다.

그 짠 것을 사람들은 조금씩 밥에 올려먹는 문화의 형태로 바꿔버린 것이다.

오랜 기간 먹다보니 길들여지고 맛있어지는 것이다.

서양 사람들은 우리가 못 먹는 고약한 냄새의 치즈를 맛있게 먹고 우리나라 사람들은 발효된 암모니아 냄새의 홍어를 군침

흘리며 먹는다.

 필자 역시 중국 사람이 자주 가는 양꼬치 전문점이 막 생길 때 호기심에 양꼬치를 먹어보고 특유의 향 때문에 "뭐 이런 걸 먹나." 생각했던 적이 있고 그 이후로 양꼬치 집을 가지 않았다. 하지만 현재는 익숙해져서 매우 좋아하는 음식 중 하나가 되었다.

 생각해보면 양꼬치 전문점은 중국인들이 모여 사는 동네에만 있었는데 요즘은 모든 대한민국 상권에 양꼬치집들이 많이 생겼다.

 즉 맛도 문화에 의해 학습되어지고 길들여진다는 것이다.

 극단적인 이야기를 하자면 일반종교와 사이비종교의 차이가 무엇인지 아는가?

 여러가지가 있겠지만 그 중 바로 확인 가능하고 정확한 것이 그 종교를 따르고 믿는 신자들의 수이다.

 우리나라에 많은 기독교인이 있지만 한때는 기독교도 소수 종교로 박해받던 시기가 있었고 불교 역시 시대적, 지리적으로 대중종교가 아닌 적이 있었다.

 즉 교리가 선하고 다수의 신도가 확보되면 대중종교인 것이다.

 맛있는 음식 역시 많은 사람이 먹는 음식이 맛있는 음식인거고 안 먹게 되면 잊혀지고 맛없는 음식이 되는 것이다.

 즉 선호하는 음식은 음식 문화 안에서 형성된 사회화의 결과

이기도 한 것이다.

또 음식은 외부 인자에 의해 맛이 바뀌는 현상도 일어나기도 한다.

상표 라벨을 삭제한 펩시와 코카콜라의 블라인드 테스트 결과가 펩시의 승리였어도 코카콜라 브랜드를 더 선호하는 이유는 맵시 좋은 굴곡진 병에 담겨있고 코카콜라 브랜드 이미지가 우리 뇌를 맛있게 자극하고 있기 때문이다.

우리는 맛을 입으로만 느끼는 게 아니라 보여지는 시각과 브랜드의 가치, 제품의 스토리 환경 등 여러 가지가 영향을 준다는 것을 잊지 말아야 한다.

우리의 뇌는 생각보다 착각을 잘한다.

음악과 음식 실험을 통한 사례를 간단히 예로 들면 아래와 같다.

토스트에 하얀 동그란 아이스크림을 올려주고 닭소리를 틀었더니 아이스크림을 먹고 스크럼블 맛이 나는 것 같다 말하기도 한다.

또 클래식을 들으며 스테이크를 먹으면 고기의 맛과 풍미가 깊게 느껴지고 댄스 음악은 술을 더 빨리 먹게 하는 효과가 있으며 높은 톤 음악은 단맛 상승효과가 있고 낮은 톤 음악은 쓴맛 상승효과가 있다.

이렇듯 음악이라는 외부 인자를 통해 우리가 느끼는 맛이 조금 왜곡되기도 한다.

또 다른 예로 색이 음식에 영향을 주기도 한다.

일단 핑크색 조명이나 인테리어는 단맛을 상승시키는 효과가 있다고 한다.

(디저트 매장의 조명과 색감을 보면 알 수 있다.)

빨간색의 접시는 식욕을 떨어뜨리기도 한다.

(빨간색 식기를 쓰는 음식점은 드물다.)

또 참고로 먹는 방법에 따라 맛이 달라지는 현상도 있다.

음식을 많이 씹으면 분자가 많이 퍼져 좀 더 풍미가 가득히 느껴지고, 음식은 뜨겁게 먹어야 향이 짙어지고, 국물은 마셔야 입 속에 공기가 더 많이 들어와 냄새 분자와 결합해 좀 더 맛과 향이 풍부해지는 현상이 있다.

또 음식의 겉치레, 즉 보여지는 면에서 왜곡되는 면을 이야기해보면 이렇다.

너무 신선하고 유기농이고 당도가 높아서 벌레가 먼저 먹은 과일보다 인공 코팅제를 바른 윤나는 과일을 사람들은 더 맛있다 생각하고 물을 수시로 뿌린 쌈채소를 더 맛있고 신선할 거라 사람들은 느끼고 선호한다.

그러나 물 뿌리면 쌈채소는 빨리 상한다.

맛 이라는 건 이렇듯 다양한 요소가 영향을 준다.

우리가 음식점을 준비할 때 맛이라는 요소를 가장 신경 쓰고 준비해야 되는 건 사실이다.

하지만 그 맛은 좋은 재료와 잘 짜여진 레시피와 조리사의 조리 스킬에 의해만 결정되어지는 게 아니라 학습되어온 문화 환경과 외부인자와 시식자의 내적인 환경 등 여러 요소에 의해 결정되어진다는 점을 인식했으면 한다.

만약 맛있는 음식만으로 음식점의 성패가 좌우된다면 맛있는 음식점을 찾아가 비법을 전수받으며 맛집 사장님 아래서 무보수로 일을 하고 창업을 한다면 무조건 성공할 것이다.

하지만 성공할 확률이 높을 뿐이지 실상은 그렇지 않다는 것을 당신은 알고 있다.

또 한 번 강조하지만 접시에 담아 고객에게 제공되는 한 접시는 그냥 하나의 음식이 아닌 것이다.

종업원의 서비스 매장의 인테리어 사장님의 마인드 매장의 음악 조명의 조도 및 색상, 현시대의 선호 맛집 등 많은 부분을 신경 써야 내가 담은 한 접시가 진정으로 맛있는 한 접시가 되는 것이고 이런 음식이 고객에게 맛있게 전달 될 수 있는 것이다.

마지막으로 이야기하면 당신의 혀끝만 믿지 말자. 그리고 맛집은 존재하나 모두의 맛집, 나만의 맛집, 영원한 맛집은 없다.

맛과 서비스, 무엇이 더 중요할까

- 과정이 중요한 매장

 손님의 입장에서 음식점을 방문했을 때 맛은 좋지만 서비스도 엉망이고 사장님 태도 또한 좋지 않고 음식의 맛 빼고는 전부 별로인 매장과 맛은 평범하지만 서비스, 청결, 사장님 마인드와 같은 다른 외적요소가 너무 훌륭한 매장이 있다 하자.
 어디를 단골로 하고 싶은가?
 난 개인적으로 후자에 점수를 더 주고 싶다.

 우리는 팬심이라는 마음이 있다. 항상 1000만이 넘는 영화배우나 가요프로그램 에서 항상 1등 하는 가수, 항상 이기는 연승축구팀만을 좋아하는 것은 아니다.
 올해는 꼴등 팀이지만 어려운 여건 속에서 노력하는 선수들과 구단을 바라보며 골수팬이 되는 경우도 있다.

경기는 지지만 항상 최선을 다해 화끈한 경기를 하는 이종격투기 선수를 포인트만 쌓는 지루한 경기를 하는 챔피언보다 좋아한다.

세기의 복싱 대결이었던 파퀴아오와 메이웨더의 경기를 보면서 이기기 위한 경기를 해서 결국 승리한 메이웨더보다 비록 졌지만 화끈한 경기를 추구하던 파퀴아오에게 관객들은 환호하였고 필자 역시 파퀴아오를 마음 속으로 응원하였다.

이기는 경기, 항상 1등 하는 모습을 보고 싶지만 과정이 즐겁고 좋으면 우리는 이해하고 팬이 되는 것이다.

물론 과정과 결과가 모두 훌륭하면 최고겠지만 우리는 스포츠 팀과 선수의 성장과 역경의 과정을 알기에 팬이 되기도 하는 것이다.

음식점도 모든 과정과 요소를 빼고 오로지 맛으로만 단골이 되는 것은 아니다.

그 음식이 너무 탁월하다면 그 음식의 팬이 될 수는 있지만 매장의 단골과는 다른 의미인 것이다.

매장이라는 큰 프레임 속에서 그 음식을 담는 것이기 때문이다.

본인이 자주 가는 삼겹살 단골집을 방문했다고 하자. 그런데 그날 우연히 그 매장의 주인이 고기를 납품하는 직원에게 하대를 하고 종업원에게 심하게 비인격적으로 행동하는 장면을 보게 된 것이다.

아마 그 고객은 이런 식의 마인드를 가진 주인이 운영하는 매장에 대해 저항이 생길 것이다.

　마치 갑질 대기업의 불매운동 같은 것이다.

　고객은 매장에 입장하는 순간부터 매장의 인테리어, 매장의 냄새, 사장, 종업원의 응대, 표정, 셋팅 되어져 있는 테이블, 메뉴 내용, 메뉴 접수를 받는 방식, 음식의 셋팅, 가장 영향이 큰 음식의 맛, 식사 후 계산 방식, 매장을 나갈 때 까지의 모든 과정과 경험을 통해 영향을 받는다.

　우리의 잠재의식이 그 매장에 대하여 가지게 되는 좋은 감정과 나쁜 감정을 저장하게 되고 그 저장된 감정이 강하거나 좋으면 다시금 느끼고 싶어서 우리의 무의식이 또 매장을 방문하게끔 하는 것이다.

　그런 면에서 매장에서 진행되는 일련의 주문과 기다림의 과정들은 그런 이유로 정말 중요하다 할 수 있다.

　그중 테이크아웃이 주력인 커피숍, 떡볶이, 패스트푸드 매장 같은 경우의 메뉴 주문 과정은 고객이 직접 판매대에 가서 접수를 하고 기다린다.

　이럴 수 있는 기본적 전제는 음식의 조리시간이 짧기 때문이다.

　사람들은 기본적으로 가만히 있는 **무위 상태**를 기피하거나 심지어 두려워한다.

* 무위 상태 - 아무 것도 하지 않는 상태.

무언가를 안하고 있으면 불안한거다.

같은 포장 메뉴인데 조리 시간이 오래 걸리는 회나 피자, 치킨을 테이크아웃 할 때는 미리 전화로 시키거나 주문 후 볼일을 보고 오기도 한다.

심지어 짧은 시간을 기다릴 때도 스마트폰 게임을 하거나 검색을 하며 기다리곤 한다.

대형 마트에 차를 끌고 방문해 주차장에 갔는데 주차할 자리가 없는 만차일 때 우리가 하는 행동을 보면 그 자리에서 기다리지 못하고 계속 빙빙 돈다.

어쩌면 연료비를 소비하며 언제 나올지 모르는 불확실한 빈 자리를 찾아 떠나는 것보다 그 자리에서 기다려보는 게 더 효율적일 수도 있다는 걸 알면서 말이다.

하지만 우리는 가만히 있을 수 없다. 무엇이라도 해야만 하는 것이다.

조리 시간이 길어져 고객이 불만을 나타내는 이유도 길다는 물리적이고 객관적인 시간보다 무위에 대한 짜증인 것이다.

친구와 와서 음식을 시키고 기다리는 동안 오랜만에 안부도 묻고 이런저런 이야기를 했다. 그리고 이때쯤 음식이 나와 자연스럽게 이어져야 하는데 가만히 있게 되고 불안한 것이다. 기다리는 시간이 내 생각보다 길어져 다음을 준비하지 못해 무위에 빠진 거고 불편해지기 시작하는 것이다.

그래서 조리시간이 비교적 긴 레스토랑이나 일식집은 중간에 셋팅을 해주고 물을 따라주고 식전 음식을 제공해 조리 시간을 메우는 것이다.

또 이런 과정이 즐거운 대접을 받는 과정처럼 느끼게끔 하면 매장의 호감도는 상승할 것이다.

사람의 인생만 결과보다 과정이 중요한게 아니라 우리가 운영하는 매장 역시 과정이 중요할 수 있다.

운영하는 매장이 오로지 매출과 음식의 맛을 위해 편법과 자본주의적 사고로 꽉 찬 목표의 매장이 아니라 좋은 손님 직원들과의 좋은 관계와 매장 안 다양한 스토리가 있는 호감가는 매장이 되면 자연스레 그 흐름과 분위기를 고객이 알게 된다.

이런 매장은 작은 부분에 흔들리지 않으며 팬심으로 충만한 매장이 될 것이다.

5. 식당 운영 심리학

이웃 사장과 분쟁조정 심리학

- 진짜 목적은 이기는 것이 아니다

장사를 하다보면 주변 상인들과의 마찰을 자주 겪곤 한다.

매일 같이 봐야할 이웃인데 원수마냥 지내는 사이도 있고 인사도 안하고 지내는 점포의 사장님들을 정말 많이 보았다.

같은 메뉴를 파는 업체가 들어오면 대놓고 싸우기도 하고 잘 되는 점포가 있으면 트집 잡을거 없나 두리번거리기도 한다.

그 시간에 본인 점포를 신경 쓰면 더 좋을텐데 말이다.

같은 건물에 있는 점포주들의 간판 위치문제, 동일한 메뉴를 파는 신규 점포의 문제, 쓰레기 배출로 둘러싼 갈등, 여러 이유로 이웃 매장과 분쟁을 하기도 한다.

이유도 다양하다.

필자가 겪은 한 사례를 바탕으로 소개하면 다음과 같다.

우리 매장 바로 옆에 거의 붙어 있는 듯한 건물에 1층 점포가 있는데 한동안 장사를 안 하고 있었다.

이후 주인이 바뀌고 새로운 주인이 와서 인테리어를 시작했다.

나는 그 자리에서 8년 동안 장사를 했는데 그 동안 그 자리는 주인이 5~6번은 바뀌었는데 그 동안 보통의 경우 새로 장사를 시작한 주인이 와서 인사를 하며 당분간 인테리어 공사라 먼지랑 소음이 심할 테니 좀 이해해 달라며 인사를 오는 경우가 많았다.

그러면 나는 신경 쓰지 말라며 "이쁘게 꾸미세요."라고 이야기 하곤 했다.

그런데 이번에는 공사를 마무리 할 때까지 그 주인은 얼굴 한 번 보이지 않았다.

몇 주 후, 그 곳 매장 공사가 거의 마무리가 되었고 내가 쉬는 휴일날, 직원에게 한 통의 전화가 왔는데 옆 매장 사장이 찾아와서 날 보자고 했다는 것이다.

나는 속으로 뭐지 이건? 하며 바로 찾아가 보았다.

그 사장님은 나보다 어려보였다.

그는 보자마자 조용하게 논리적으로 말하기 시작했다.

나를 부른 이유는 본인 매장의 홀 방향에 우리 매장 환풍기가 향하고 있어서 우리 매장 냄새와 소음이 좀 심하다, 가 첫 번째였고 두 번째는 우리 화장실 배관이 공사가 잘못되어서 자기네 쪽 땅으로 침범해서 냄새가 올라온다는 것이었다.

물론 그 말이 거짓은 아니었다. 하지만 사실 나는 이 곳에서 8년을 장사를 했고 그 동안 옆 점포 사장님들은 아무 문제가 없었는데 갑자기 그 쪽에서 점포 구조 변경을 해서 생긴 문제였던 것이었다.

한참 이야기를 듣고 나는 정말 할 말이 많았지만 계속 듣기만 했다. 듣고 또 들었다. 그 사장님의 말이 멈출 때까지 기다렸다,

그 사장님의 말이 마무리가 되고 침묵이 흘렀다

그 순간 나는 회심의 한 마디를 던진다.

"사장님 오픈 축하 드립니다."

하며 악수를 건넸다.

그때 그 사장님의 표정은 아직도 기억이 난다.

많이 당황하며 어쩔줄 몰라 하며 갑자기 공손해지는 것이다. 그럴 의도는 아니었지만 그 사장은 나에게 일종의 순간 최면, 일종의 패턴 인터랩트에 걸린 것이다. 즉 놀란 것이다.

간단히 조금 대화를 나누고 나는 아무렇지도 않게 잘 알겠다며 문제에 대해 생각해보겠다며 말하고 우리 매장으로 가벼운 발걸음으로 돌아왔다.

그 이후 정말 재미 있는게 정확히 10분 후 그 사장은 우리 매장으로 다시 와 공손하게 먼저 인사를 하지 않아 죄송하고

사실 자기는 어디서 일했고 어떤 메뉴를 팔 것이며 아는 분과 동업하는 거고 주저리 주저리 개인적인 이야기를 말해주고 심지어 우리 매장을 배려한 문제의 조정안까지 갖고 온 것이다.

영업 시간에는 환풍기를 덜 틀면 될 거 같고 화장실도 배관을 테이핑해 감아보겠다는 것이었다.

사실 내가 한거라곤 아무것도 없다. 가만히 있었고 그 사장님이 문제를 재기 했을 때 대립하지 않았을 뿐이다.

그리곤 가장 상식인 처음 봤으니 인사를 한 것뿐이다.

하지만 그 인사는 그에게 무의식으로 너무 강력한 무기로 작동되어진 것이다.

결론은 그 사장과 잘 지내었고 그 사장이 제기한 문제는 그 후로 단 한 번도 언급되지 않았다

만약 내가 대립했다면 문제는 더 커질 것이었고 둘 중 누군가는 피해를 받을 것이고 사이는 안 좋아지며 결국 승자 없는 둘 다 지는 게임이 되었을 것이다.

유명 프로 암벽 등반가인 르네장은 한 기자회견에서 등반 중 강한 비바람이 불면 어떻게 대처 하십니까? 라는 질문에 이렇게 대답했다.

"그냥 멈추길 기다립니다."

그는 비바람을 피하려 노력할수록 힘들고 체력 소모가 있어

지치게 되어 추락할 수 있으니 그냥 로프를 잡고 기다린다는 것이다.

우리가 분쟁이 있을 경우 잘 생각해보면 상대방을 이기는 게 목적이 아니라 진정한 목적은 다른 곳에 있는데 이 사실을 망각하는 경우가 종종 있다.

등산가는 비바람을 피하는 게 목적이 아니라 등반이 목적인 것이다.

<u>분쟁하는 이유는 상대를 이기고 기분 나쁘게 하는 목적이 아니라 왜 분쟁하는지를 생각하고 목적을 중심에 두어야한다.</u>

나는 원만히 새로운 주인과 좋은 이웃이 되는 것이 목적이었고 어떤 문제든 해결할 수 있다는 자신감이 있어서 그 사장님은 먼저 안했지만 내가 할 도리인 인사를 한 것뿐이다.

내가 왜 이 장사를 시작했는지, 그리고 지금 이웃과의 분쟁에서 이웃을 이기는 것이 아닌 진짜 목적은 어떤 것인지를 생각하면 그 분쟁은 목적에 이르는 단 한 개의 작은 돌발변수일 뿐인 것이다.

내가 가볍게 언제든 넘어갈 수 있는 그런 아주 작은 장애물이라는 것을 인지하고 장사했으면 한다.

버틸 것인가, 변화할 것인가

매장을 운영하다 보면 예기치 않게 많은 어려운 상황을 경험하게 된다. 잘못된 운영으로 인한 어려운 상황은 본인 탓으로 생각하면 되지만 환경에 인한 어려운 상황은 누구를 탓 할 수도 없이 피해만 입게 된다.

연말에 회식이 많아 특수를 누릴 것으로 예상했던 소고기 전문점이 광우병 파동으로 문을 닫고 여름철 특수를 누리는 삼계탕집이나 닭집 등이 조류독감(AI) 파동으로 힘들어 하기도 했다.

이런 경우는 누구를 탓할 수도 없으며 빨리 이런 악재가 끝나기만을 바랄 수밖에 없다.

이런 경우 버티는 것이 상책인지 아니면 빠른 대처를 하는게 올바른 결정인지 판단하기 어렵다.

만약 맛있고 푸짐한 소고기 전문점을 모토로 매장을 운영중이였는데 광우병 파동이 생겨 삼겹살을 대표메뉴로 바꾸면 그동안 구축해 왔던 매장의 전문점 이미지를 희석시킬 것이다.

이럴 경우 대체제가 아닌 보조제 역할 정도의 메뉴를 넣는 것이 적당하다.

반대로 생각하면 광우병 파동 때는 삼겹살집과 닭집이 반사이익을 얻었을 것이고 조류독감과 돼지콜레라가 유행한다면 소고기 전문점이 반사 이익을 볼 것이다.

그러나 장기적으로 본다면 육식관련 장사는 하향길에 접어들 것이다. 동물에 대한 전염병은 박멸되지 않고 언제 터질지 모르는 폭탄 같아서 늘 불안하고 바이러스는 변종이 생겨난다. 그래서 채식 관련 메뉴나 해산물 메뉴가 많이 생기고 큰 흐름으로 볼 때 전망이 있는 것이다.

이제 막 오픈한 매장의 경우는 버틸 것인가, 바로 바꿀 것인가? 대처 방법을 어떻게 해야 하나.

필자가 현재 경험하고 있는 내용을 바탕으로 이야기 하고자 한다. 서울대 입구에 위치하고 오랜 시간 운영했던 필자의 매장은 올해에 리모델링을 했다.

오랜 기간 운영을 하여 노후가 심했고 동일한 인테리어로 호프집 이자카야 무한리필 매장을 몇 해 동안 운영하면서 줄을 세워 보기도 하고 주춤하기도 했던 매장이었다.

그래서 리모델링을 하면서 매장의 변화를 주기로 했는데 더 이상 이슈를 만들며 아이템적으로 운영하는 매장이 아니라 차곡 차곡 단골을 만들며 서서히 매출을 상승시킬 매장을 만들기로 했다.

컨셉은 일식 세이로무시와 이자카야의 결합 형태였는데 꽤 완성도 있는 메뉴와 꽤 근사한 분위기가 나왔었고 열심히 장사만 하면 되는 상황이었다.

메뉴의 완성도와 시스템 구축을 위해 천천히 스타트를 할 계획으로 가오픈 기간을 2~3주 이상 잡고 간판도 달지 않고 무엇을 파는지 앞에 노출하지도 않은 채 영업을 시작하였다.

그 후 마케팅을 시작하며 정식 오픈을 자연스럽게 준비하면서 외부에 입간판과 오픈 사케 행사배너를 비치하였다.

그런데 고객은 잘 들어오지 않았고 어떤 고객은 내부에 비치되어 있는 사케병과 외부의 사케 행사 입간판을 보며 손가락질을 하면서 무엇인가 말을 하는 것이었다.

2019년 여름 현재 사회적 분위기는 반일 감정이 굉장히 증폭된 상황이다. 그 사회적 분위기가 일제불매 운동으로 번졌고 일식메뉴를 파는 업장까지 영향을 끼치게 된 것이다

저희 일식이랑 사케를 팔아요, 하며 도저히 마케팅을 할 수 없었다.

일주일이 지나고 결정을 하였다. 과감히 그동안 준비했던 것을 백지화 하고 그동안 축적했던 노하우가 있는 대하무한리필 컨셉과 세이로무시를 (편백찜)같이 리필해주는 형태의 메뉴와 컨셉으로 변경하기로 했다.

마침 대하철이 다가왔고 이 메뉴는 워낙 직원들이 오래 해봤던 거라 큰 어려움 없이 변경 가능하였다.

그리고 3주가 지났고 매장은 줄을 서고 있다.

아마도 대하철인 11월까지는 잘될 것이다.

그 이후에는 아직 생각하지 않았지만 또 다른 결정과 판단을 해야 할 것이다.

올바른 판단이었는지는 몇 해가 지나봐야 알지만 발만 동동 구를 수는 없었다.

버티기냐 변화하기냐는 정답은 없지만 매장의 오랜 기간 쌓아온 좋은 이미지가 크다면 버티어내고 다시금 좋은 상황을 만들어내도 좋을 것이며 이제 시작하는 매장이라면 다시금 전략 수정을 하는 것도 괜찮은 방법이다

이것을 진화론적 관점에서 보면 변화하는 것이 맞다.

지금 살아남은 생물들은 자연의 환경에 맞추어 변화하고 진화하여 살아남은 것이지 자연에 맞서 저항하거나 변화하지 못한 종들은 멸종하였다.

비바람이 심하게 불 때 피하는 것이 맞는지 같이 싸워 나가는 것이 맞는지는 그 비바람의 크기나 맞는 내공에 따라 다르지만 잠시 피하고 다시금 헤쳐나갈 준비를 하는 것도 옳은 방법이다.

결론적으로 말하면 큰 흐름에는 변화해야 하고 작은 흐름은 버텨야 하는 것이다.

직원 파이팅 시키기

- 작은 것부터 시작한다

　매장을 운영하다보면 직원들 중에 항상 어둡고 활기차지 않은 직원이 있다.

　이런 직원들은 임시 방편으로 서비스마인드 교육을 통해서 억지 페르소나(가면)를 만들어 수동적으로 일하게 할 수도 있을 것이다.

　하지만 요즘 이슈인 감정 노동이라는 문제와 불특정 고객을 상대하는 외식업 특성상 여기저기 퍼져있는 블랙컨슈머 고객을 만나게 되면 여러 가지 문제가 노출된다.

　수동적 교육만을 통해 만들어진 수동적 직원들은 고객 컴플레인을 대처할 때 스스로 동기부여가 되지 않고 왜 해야 하는지 의문 부호가 생긴다. 간혹 정해진 틀 외의 다른 일이 닥치거나 시켰을 때 본인의 일이 아니고 기존에 하던 일이 아니기에 내가 왜 이일을 해야 하는지 의문이 생겨 부정적인 마음이 생기게 되는 것이다.

　이런 마음을 가진 직원들은 고객을 응대했을 때 표정에서부터 안 좋은 티가 난다.
　이런 직원들에게는 능동적인 마음을 가질 수 있게 동기부여를 해줘야 한다.
　서비스업 동기 부여에 관련된 내용과 책들은 너무 많이 있으니 다른 관점으로 직원들을 활기차게 동기부여 하는 법을 이야기 하고자 한다.
　누군가를 보면 괜히 기분이 좋아지고 활기차고 또 보고 싶다고 느껴지는 사람이 있고 반대로 괜히 쳐다보기만 해도 감정이 다운되고 축 쳐지는 사람이 있다.
　그 이유는 감정은 전이되기 때문이다.
　딱딱한 회의장이나 장례식장에 가면 감정이 다운되고 놀이공원이나 콘서트장가면 흥분되는 걸 보면 알 수 있을 것이다.
　다운되고 우울한 사람은 항상 왜 그런 영역에 있는 걸까?
　우울증에 들어가는 프로세스를 보면 이런 패턴이 존재한다.

　아래는 가상의 예로 설명한 것이다.
　민수라는 초등학생이 있는데 소풍을 가기 전날이면 가기 싫어 잠을 못자는 것이다. 부모가 친구들에게 물어 이유를 알아보니 소풍 가서 친한 친구와 싸운 적이 있다한다.

그런 경험이 있어서 민수는 소풍은 부정적인 사건이 되 버려서 가기 싫어진 것이다. 즉 '소풍 갔던 일=부정적 사건'이 민수의 무의식 속에 각인되어져 버린 것이다.

부모는 소풍을 가기 싫어하는 민수를 설득했지만 민수는 너무 완강히 거부를 하고 있어서 결국 민수 부모는 소풍을 안 보내기로 결정을 한 것이다.

소풍을 안 간 민수는 그날 혼자 집에서 하루 종일 텔레비전만 보고, 늦잠을 자고, 게임을 여러 시간 하고, 하루를 무의미하게 보낸다.

다음날 학교를 가니 친구들은 어제 소풍 이야기에 왁자지껄 떠들고 재밌어 하고 있는 것이다.

민수는 그 분위기에 쉽게 끼어들지 못하고, 심지어 항상 함께 놀던 친한 친구인 철수 역시 어제 소풍이야기로 다른 친구랑만 이야기하고 민수와는 잘 이야기 하지 않는다.

민수는 조금은 왕따를 당한다는 느낌까지 가지게 된 것이다.

이에 마음이 상한 민수는 일찍 집으로 귀가하게 되고 역시 어제와 같이 혼자 하는 게임과 하루 종일 텔레비전을 본다. 이 상황이 계속 반복되고 민수는 점점 친구조차 만나기 싫어지고 집에만 있고 싶어지고 왠지 무기력해지고 이 세상에 나만 혼자인거 같다는 생각에 빠지게 된다.

학교를 가도 외로운 섬에 있는 거 같은 기분이다. 그리곤 그 감정이 점점 커져서 학교가 점점 가기 싫어진다. 그리고 친구도 만나기 싫다. 모든 게 무기력해지고 다 귀찮아진다. 즉 민수는 우울증에 걸린 것이다.

너무 극단적인 예지만 부정적 생각이 어떻게 우울증으로 연결되고 부정적인 성향의 사람으로 변하는지 필자가 꾸며본 가상 사례이다.

이에 대한 내용을 잘 서술한 '우울할 땐 뇌 과학'이라는 책에서 앨릭스 코브는 이를 우울증의 하강 나선이라 칭했다.

부정적인 생각이 계속적인 부정적인 생각을 낳고 인간은 항상 현재 상태를 유지하려는 표준 유지의 기질, 감정적 항상성 특징에 의해 그 상태를 지속할 것이고 그러면 그 감정은 더욱 강화될 것이다.

자, 그럼 이런 이유와 특성과 상황에 의해 부정적인 감정으로 충만한 직원이 있다 하자. 즉 항상 우울한 직원이 있는데 같이 일을 해야만 하는 상황이라 하자.

그런데 너무 중요한 포지션이라 무조건 같이 일해야 하는 상황이라면 이 직원을 긍정적 사고로 어떤 방법이라도 써서 고쳐야 할 것이다.

어떤 방법을 써서 이 직원에게 긍정 에너지를 심어줄까 고민을 해보면 그 방법은 어이없게도 매우 간단하다.

뻔하고 뻔한 이야기지만 정답은 작은 것부터 변하는 것이다. <u>하강 나선의 반대인 상승 나선으로 변화를 주는 것이다.</u>

모태 솔로인 사람에게는 한 번만 소개팅을 해보라, 하고 운동을 안 하는 사람에겐 일단 헬스장을 가서 트레이너에게 상담을 받아 보는 것이다.

우리가 집에서 편히 쉬다가 지친 몸을 이끌고 누군가에 이끌려 억지로 여행을 가거나 외출을 하면 하기 전까지는 귀찮고 부정적인 감정의 상태였지만 일단 나가서 따스한 햇살과 상쾌한 공기를 마시는 것만으로도 긍정적으로 변하게 되어 나오길 잘했다고 느껴지고 감정 역시 긍정적으로 바뀌게 된다는 것이다.

부정적인 마음이 불이라 하고 긍정적인 마음이 물이라 하자.
건물에 불이 났다. 어찌할 것인가? (즉 오늘 내 마음이 부정적이다. 즉 우울하다.)

1. 대형 헬기를 불러, 대형 탱크 물을 길러 헬기에 매달아 한 번에 불을 끄는 경우.

2. 소방차 여러 대가 와서 물호수로 뿌리고 물이 소진되면 다른 차가 또 뿌리고 지속적으로 하여 불을 끄는 경우가 있을 것이다. 현실적인 방법은 비용과 절차가 쉬운 2번일 것이다.

이제 직원에게 간단히 대입시키자면

1. 일단 고객에게 인사만 크게 하라고 하는 것이다.

2. 출근할 때는 헤어 스타일링은 꼭 하고 오라고 하는 것이다.

3. 유니폼은 항상 입으라 한다.

4. 회식이나 직원야유회가 있는데 그 직원은 이런 이유 저런 이유로 못 온다 한다면 일단 잠깐만이라도 들리라 하는 것이다.

5. 사장은 항상 에너지가 넘쳐서 보여주어야 한다.

  더 사소한 변화가 많이 있겠지만 이런 사소한 것들을 하나씩 늘려가는 것이다.
  그러면 직원은 상승 나선을 타고 스스로 조금씩 밝아질 것이다.
  사실 밝은 분위기의 매장은 모든 직원이 웃을 수 있는 환경을 만들어 주는 것이다. 모든 직원이 감정의 상승 나선을 탈 수 있는 매장을 만드는 것이라 할 수 있다.
  그리고 그 감정이 매장에 전파되어 활기가 넘쳐나는 것이다.
  그래서 가장 중요한 변화의 지점은 사장님인 것이다. 사장이 항상 웃고 밝아 그 감정을 매장에 전이시키는 게 첫 번째이다.
  직원을 파이팅 시키고 싶으면 첫 단추는 사장이 2배, 3배 파이팅 하는 것이다!
  그것이 변화의 시작인 것이다.

하지만 사장도 항상 파이팅을 할 수 없는 경우가 있을 수 있다.

도저히 파이팅을 할 수가 없던 힘들었던 사건을 경험하고 조금은 극복하려 노력했던 필자 개인적인 이야기를 해 본다. 이 책을 90프로 이상 정리해 놓았을 때 필자도 개인적인 큰 아픔을, 겪지 말아야 할 일을 경험을 한 적이 있다. 그래서 이 책의 출간 시기가 1년 이상 늦어지기도 했다.

아무것도 할 수가 없었고 자해까지 시도 했었다.

가정사라 자세히 이야기는 못하지만 사람에 대한 배신과 능멸이었다.

나는 누군가 힘들어서 먹지도 못하고 자지도 못한다는 말을 들었을 때 거짓인지 알았다. 그런데 정말 너무 정신적으로 바닥을 치다보니 정말 일주일 이상 잠이 오지 않고 음식 역시 먹을 수 없다는 사실을 처음으로 알았다.

일단 정신병원도 가보고 할 수 있는 모든 방법을 동원했는데 가장 큰 도움은 역시 사람이었다. 주변의 동료와 친구들에게 내 이야기를 터놓던 그 날, 밤잠을 조금이나마 잘 수 있었고 먹을 수 있었다.

그리고 작은 것부터 시작했다.

아무것도 할 수 없고 웃을 수가 없어서 혼자 할 수 있는 운동을 매일 가기 시작했으며 편한 친구들을 계속 만나려 했으며 억지로 먹으려 했다.

그렇게 작은 것들을 시도하며 시간이 흐르고 조금씩 정신적으로 정상으로 오는 듯 했다.

지금도 그 트라우마가 있어서 예전보다 자주 우울해지곤 하는데 그럴 때면 일단 외출을 하거나 무언가를 하려고 계속 시도한다.

계속 하강하지 않게 노력하는 것이다.

때로는 하루하루가 힘들기도 하고 이런 감정을 느끼게 한 누군가를 원망해 보기도 하지만 계속 노력 하다보면 먼지처럼 털어버릴 날이 있다는 것을 믿어 의심치 않는다.

그래서 지금 바로 할 수 있는 것부터 계속 시도하고 있다.

감정의 하강을 막기 위해 오늘도 글을 쓰고, 운동을 하고, 마술 연습을 하고, 최면 공부를 하며 매장에 출근을 하고 사람을 만나며 하루를 열심히 사는 것이다.

장사와 미신 이야기

매장을 오픈하면 가장 먼저 주위의 사람들에게 매장의 오픈을 알릴 것이다.

그래서 과거에는 대부분 개업식은 꼭 했던 것 같다.

개업식은 매장 앞에서의 풍선 아치, 나레이터 모델의 행사, 삐에로의 퍼포먼스 형태로 많이 이루어지곤 한다.

과거에는 시루떡이나 과일 그리고 돼지머리에 절을 하는 고사의 형태로 진행되곤 하였는데 과연 개업식이나 고사를 지내는 심리와 왜 점점 개업식을 하는 매장이 줄어가는지에 대해 이야기를 해볼까 한다.

또 개업식 외에 장사를 하면서 비과학적으로 맹신하는 것이 어떤 것들이 있는지 추가적으로 이야기를 해보려 한다.

즉 장사라는 카테고리 속에서 의심 없이 행하고 있는 민속신앙이나 주술적 형태가 무엇인지 알아보고 그 배경과 무의식적 심리기제를 파악해 보려한다.

1. 개업식, 할까 말까?

개업식을 하는 주인의 마음은 어떨까?
아마도 큰 기대 반, 두려움 반일 것이다.
노력해서 준비하고 꾸민 매장의 첫 걸음이기에 아마도 큰 기대와 함께 망하지 않을까? 하는 두려움 역시 매우 클 것이다.
그 주인의 심리 상태는 아마도 우리의 옛 조상들이 농사를 시작할 때 기우제를 하는 마음과 흡사할 것이다.
과거 관개시설이 좋지 않던 우리의 옛 조상들은 농사의 성패를 좌지우지하는 가장 큰 요인이 비였을 것이다.
가뭄과 홍수 즉 강수량이었을 것이다.
이런 인간의 노력으로 컨트롤 불가능한 영역의 불안한 심리 기제의 반영이 기우제란 주술적 형태로 나타난 것이다.
개업식 행사는 개업을 알리는 목적도 있지만 장사를 앞두고 장사의 성패에 대한 불안한 마음과 손님이 많이 오길 바라는, 마치 농사에 있어서 비가 많이 오길 바라는 기우제와 같은 주술적이 형태로 나타난 의식일 것이다.
또 개업식을 생각하면 고사가 떠오르고 고사 하면 떠오르는 건 돼지머리이다.
한국에서는 돼지머리에게 대박을 기원하며 아무런 저항 없이 절을 한다.

  돼지는 복이고 그 중 가장 상징성이 큰 돼지머리(돼지 꼬리나 족발을 두고 절하긴 웃기지 않은가.)로 행운과 대박의 기운을 바라며 비는 것이다.

  참고로 주술의 형태는 크게 **접촉(감염)주술**과 **유감주술**로 나누어진다.

* 접촉주술 – 감염주술이라고 할 수도 있으며 감염의 법칙을 따른다 할 수 있다.

* 유감주술 – 유사한 것은 유사한 것을 발생시킨다는 원리이며 일반적으로 나무나 종이에 증오하는 대상의 개인 인형을 만들어 상해를 입히는 행위라 할 수 있다. 인류학자 프레이져에 의해 제창되었다.

  접촉주술은 감염 혹은 옮긴다는 행위를 전제로 한다. 즉 누군가 어떤 사물에 접촉하거나 모종의 행위를 가하면, 그 사람의 신체에 직접 접촉하지 않더라도 모종의 행위와 같은 결과가 나온다는 이론이다.

  즉 접촉된 것은 분리 되어도 영향을 끼친다는 원리이다.

  살인사건이 난 집에는 왠지 오싹한 기운이 들고 유명인을 만나 악수하면 좋은 기운을 얻는 것 같은 기분이 드는 것들이다.

  유감주술은 상징성·유사성에 바탕을 두고 있고 또 다르게는 물신 페티시라 칭할 수 있다.

제주도 돌하루방의 코를 만지면 자식을 낳고 자동차 이니셜 s마크를 가져가면 서울대를 갈 수 있다고 믿는 행위라 할 수 있다.

위에서 언급한 기우제나 개업식의 고사가 좋은 예라 할 수 있다.

또 장사를 시작하면서 복이 많이 들길 바라는 마음으로 출입구 안쪽에 부착해 두는 여러 물건(십자가, 명주실, 북어, 부적, 상징적 그림이나 좋은글 액자)역시 종교나 민속신앙에 근거를 둔 유감 주술의 형태로 볼 수 있다.

그리고 시루떡(잡기퇴치 액막이)을 나누는 행위 역시 유감주술적 형태로 볼 수 있다.

이러한 의미의 개업식은 과학적 근거 없는 행위이지만 좋은 측면으로 아주 훌륭한 심리적 확신과 마케팅의 수단으로 좋은 효과가 있다.

딱히 다른 홍보채널이 없던 과거에는 개업식을 화려하고 크게 했다.

그 만큼의 비용 대비 마케팅 효과가 괜찮았던 것이다.

그러나 현재에는 개업식보다 세련되고 효율적인 다양한 홍보채널(인터넷. sns등)이 많아져서 개업식은 규모나 행해지는 빈도가 점점 축소되고 있다.

2. 불 나면 대박?

매장에 불이 나면 그 해에는 대박이 난다는 이야기가 있다.

몇 년 전에 우리 매장에도 작은 화재가 있었는데 주변사람들이 하나같이 앞으로 장사 잘 되겠네요, 라고 말을 하며 위로 아닌 위로를 하는 거였다.

정말 불 나면 대박일까?

보통 손님이 많아 북적되면 우리는 그 집 불 났더라, 고 이야기 하곤 한다.

위에 다루었던 유감주술 즉 불이란 활활 타오른 상징성에 그 이유가 있을 것이다.

또 불난 집과 민속신앙의 쥐불놀이를 같은 맥락으로 보면 논밭에 불을 피워 해충을 없애는 근거와 풍요를 기원하는 주술적 의미가 함께 한다 볼 수 있다.

또 보통 큰 불이 나면 큰 피해가 뒤따르는데 작은 불이 일종의 액땜을 해서 좋은 예방의 기운으로 앞으로 흥할 거라는 주술적 의미로도 볼 수 있다.

또 불이 나면 사람들은 자연적으로 불난 집을 궁금해 하고 걱정한다.

누가 다쳤는지, 피해는 얼마나 있는지, 자연적으로 입소문 마케팅이 되는 것이다.

그리고 일종의 무의식적 동정 심리(수재민에게 구호를…)도 반영되어 매장을 방문하게 될 것이다. 이렇듯 불난 집은 주술적, 심리적으로 긍정적으로 볼 수 있다.

또한 부정적 사건을 긍정적인 심리로 치환하려는 역설적인 심리적 기저현상이 아닌가 생각된다.

하지만 화재는 위험하고 피해가 큰 재앙이라는 것을 잊지 말아야 한다.

3. 첫 손님은 징크스

이 이야기는 내가 초등학교 때 직접 겪은 일이다.

그 당시 장난감 자동차 경주 놀이가 유행하던 시기가 있었다.

아마도 모터와 밧데리를 이용해 주행하는 자동차였고 그래서 모터를 따로 사고 바퀴도 따로 사서 일종의 장난감차 튜닝이 유행을 했었다.

나는 이미 꽤 빠른 모터(블랙모터라 칭했었고 르망 모터라는 모터도 존재를 했었다.)를 먼저 돈을 모아 구입을 했었고 그 모터 성능에 맞는 장난감 자동차를 사면 꽤 근사한 자동차를 만들 수 있었다.

오랜 기간 용돈을 모아 돈을 마련했고 다음날 문방구 오픈하는 시간에 맞추어 가려고 전날 잠도 잘 못잤다.

문방구 오픈하는 시간에 나는 그 장난감을 파는 우리 동네에서 가장 큰 문방구를 갔다. 하지만 내가 원하는 자동차가 품절이 되었다.

그래서 그냥 가려고 하는데 문방구 아저씨가 갑자가 한 마디 하시는거였다.

첫 개시부터 공치면 하루 장사 망친다고 버럭 화를 내시는거였다.

거의 협박 수준이라 할 수 있었다.

나는 울며 겨자 먹기로 원하지 않는 그곳에 있는 블랙모터와 어울리지 않는 자동차를 샀다. 결국 그 차는 내가 가지고 있는 성능 좋은 모터를 못견뎌내고 하루 동안 버티다 톱니 기어가 튕겨 나가 망가지는 비극을 초래했다.

그때부터 나는 무엇을 사러 갈 때 오픈 시간에는 가지 않는 징크스가 생겼다.

나의 무의식에 크게 자리 잡고 있는 흑역사가 되버린 것이다.

이렇듯 우리는 숫자 1, 시작, 처음에 굉장히 큰 의미를 부여하곤 한다.

첫 손님이 진상이면 그 날은 하루 종일 힘들고 첫 손님 공치면 장사가 잘 안되고...

요즘 같은 남녀평등 시기에 정말 말도 안 되는 이야기지만 첫 손님이 여자면 장사가 안 된다는 이야기도 있다.

반대로 처음이 좋으면 순조롭고 시작이 반이다, 라는 속담도 있다.

정말 그런 걸까?

일단 매장을 운영하면 우리는 하루에 굉장히 많은 고객을 만나게 된다.

그 중 강렬한 인상을 주는 손님을 제외하곤 전부 기억을 하지 못할 것이다.

  동일한 조건이면 **초두효과**에 의해 첫손님은 기억에 더 남을 것이다.

  장사를 하면서 첫손님이 무전취식을 해 경찰을 부른 적이 3번 있다고 하자. 그 중 2번은 평범한 매출과 평범한 일상이었고 나머지 한 번은 하루 매출이 반 토막 났다고 가정을 하자.
  그 매장의 주인은 어떤 기억이 강력할까?
  그렇다 아마도 매출 반 토막난 날만 기억날 것이다.
  이런 걸 **콜드리딩** 기법 중에서 **셀렉티브 메모리**라 칭한다.

* 콜드리딩 – 상대에 대한 사전 정보 없이 현 상태의 상대방을 보고 상대의 마음 정보를 파악하는 기술.

* 셀렉티브 메모리 –인상 남은 강한 어필만 기억하는 현상. 시계를 볼 때 1:11분만 기억나는 것이라 할 수 있다. 사실 1:23분, 24분 때도 시계를 보았지만 1;11분만 기억이 또렷하다. 사림의 기억은 강하게 어필된 것만을 기억하는 것이다.

  또 오늘 첫손님이 진상이었고 그것을 겪은 나는 내 관념 속에 첫 손님이 진상이니 오늘 힘이 들 거야, 라는 생각이 자리 잡히면서 그런 손님만 더 잘 보이게 되고 마치 오늘은 꼭 힘이 들 것 같은 기분이 들면서 조금 힘든 일이 있으면 역시나 내 예감은 틀리지 않는군, 하며 본인 스스로 징크스를 만들어 가는 것이다.

또 매장을 방문한 손님들 중에서 10명의 좋은 손님을 경험해도 1명의 진상 손님만 기억나게 되는 것이다.

첫손님과 매출의 연관보다 인간의 보편적 심리기제에 의해 초례되는 현상이고 우리가 그것을 주술적으로 상징화해서 굳어지게 된다.

참고로 과학적으로 증명된 바 없는 혈액형의 맹신 역시 이와 같다 할 수 있다.

스님이 갑자기 오셔서 장사 잘 되게 시주 좀 하라고 했는데 무시하고 시주를 안 해서 그날 장사가 덜되었다 하기도 하고 주인이 자주 바뀌고 자주 망하는 업소를 보며 장사 터가 안 좋다고 이야기하기도 하고 개업을 하기 전에 점을 보기도 한다.

사실 이 모든 것은 주인의 핑계로 봐야 한다.

진짜 이유는 질 낮은 서비스, 점포, 입지선정 실패, 점포 위치에 어울리지 않는 메뉴, 유동인구 적음 등 주인의 판단 실수가 가장 클 것이다.

이렇듯 매장을 운영하면서 우리는 굉장히 많은 주술적 사고에 휩싸여 있다.

더불어 말하자면 사실 인간은 불행이나 실패보다 미래의 불안 미래의 무지에 대해 더 두려움을 느낀다.

군인들은 전쟁 중에 가시권에 상당히 많은 적이 둘러싸고 있는 두려움보다 보이지 않는 곳에 있는 한 명의 스나이퍼를 더 두렵게 느낀다.

누군가 나를 겨누고 있다는 무지의 두려움이 더 크게 느껴지는 것이다.

즉 모르면 두렵고 무섭다.

이런 심리 속에서 점, 종교, 주술 등은 성행 하는 것이니 흔들리지 말고 스스로를 믿고 근거없는 미신에 휘둘리지 말고 강하게 앞으로 전진해야 할 것이다.

장사 고수가 되는 방법

- 일상이 판매

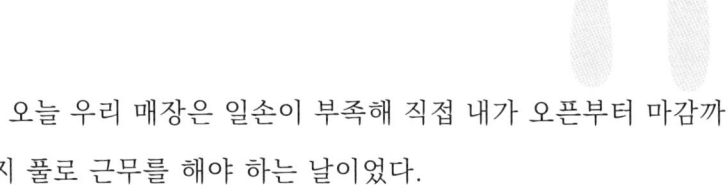

  오늘 우리 매장은 일손이 부족해 직접 내가 오픈부터 마감까지 풀로 근무를 해야 하는 날이었다.

  현재 시각은 새벽 12시 30분. 빠 쪽 빈자리에 앉아 한가해서 나는 카드마술 연습을 하고 (사실 연습이 아니라 습관적으로 만지작 만지작하는 것이다.) 그리고 휴대폰으로 책을 쓰고 있었다. (사실 이 역시 끄적끄적 대는 것이다.)

  현재 우리 매장에는 커플 1팀, 남자끼리 온 1팀, 남자1 여자3인 1팀, 이렇게 3팀이 즐겁게 이야기하며 앉아 있다.

  이 시간이 되면 자주 찾아오는 사람이 있는데 바로 파인애플 청년이다.

  파인애플 반 통을 한 손에 들고 한 쪽 손에는 과일칼을 들고 한 청년이 들어와 나에게 크게 인사를 하고 손님들에게 판매를 해도 되냐고 묻는다.

그러면서 파인애플 한 쪽을 나에게 준다.

나는 괜찮다며 알아서 하라고 한다.

잠시 후 이 청년은 2팀에게 파인애플을 판다.

높은 판매 적중률 66%가 넘는 것이다.

항상 파인애플을 새벽에 팔러온 이 청년들은 허탕을 하고 가는 일이 없는 것 같다.

나는 갑자기 특유의 호기심이 생기기 시작했다.

그 친구를 불러서 무슨 말을 하며 팔고 있냐고 물어보았다.

그랬더니 그 젊은 남자는 웃으며 커플이나 혼성끼리 있는 테이블 가서 여자 분에게 파인애플 한 쪽 주면서 상대 남자에게 큰 소리로 말한다.

"형님 이거 엄청 신선해요. 오천원입니다 !"

그리고는 미리 준비된 검정 봉지 안의 파인애플(1통 아님)을 가져다준다.

판매에 성공을 한 파인애플 청년의 말투와 행동 패턴이 너무 아름다웠다.

또 지금 내가 쓰고 여러분이 읽고 있는 이 책의 내용에 매우 훌륭한 실천 사례라 나는 놀랬다.

또 가끔 오시는 이 동네에서 껌을 파는 유명한 할머니가 있다.

이 할머니는 항상 오시면 허리수술을 해서 아프다며 껌을 판다. 이 할머니 역시 매우 잘 파신다.

 아는 것보다 현장에서 실천하고 행하는 게 얼마나 중요한지 경험이라는 무기는 얼마나 강력한지를 새삼 느꼈다.

 사실 우리가 최면 마술이 무의식 행동심리를 배우고 학습해 나가는 원리는 아래와 같을 것이다.

 우리가 만약 인라인 스케이트를 배운다는 가정을 해보자.

 처음에는 동영상이나 책으로 공부를 한다.

 그 다음 엉덩방아를 찧어가며 조금씩 타본다.

 그리곤 서툴지만 조금씩 발전해 나가게 된다.

 마지막으로 인라인이 마치 또 다른 내 다른 신체기관이 된 것처럼 고수가 된다.

 즉 의식화에서 무의식화 자동화 되어가는 것이다.

 즉 책을 한 권 읽는다는 것은 이런 것도 존재하는구나, 하며 아는 정도인 것이지 정말 고수가 되려면 인라인의 마지막 단계처럼 본인화, 자동화, 무의식화가 되어야 하는 것이다.

 스스로가 의식적으로 행동하는게 아니라 무의식적인 프로세스에서 자연히 행해지는 것이다

 넋두리를 잠시 해보면 아무리 많이 알고 공부하고 연구해도 매일 일상이 현실이고 삶인 사람을 못이기는 거 같다.

 마치 파인애플 총각과 껌 파는 할머니처럼..

사장으로 습관 들이기

- 상상한 모습이 나다

사장으로 산다는 건 직원과 달리 스스로 결정하고 책임진다는 것이다.

즉 어떤 의미의 자유성과 책임지는 태도가 있어야 한다는 것이다.

그러기에 주위에 보면 늦게 일어나고 매일 음주를 하고 조금은 나태하게 일상을 보내는 사장들도 있다. 물론 매장이 잘 돌아가면 크게 상관은 없지만 신경 쓰지 않는 매장은 무너지게 되어 있다.

직장에 룰과 상사가 있으면 어쩔 수 없이 그 프레임에 갇히게 되고 맞추어 나간다 하지만 사장은 그 룰을 스스로 만들고 지켜야하기에 어려운 것이다.

좋은 습관을 만들고 유지하기란 매우 어렵다.

사람의 습관을 설명하기에 인간의 뇌에 대해 간단히 설명하면 다음과 같다.

사람의 뇌에는 새로운 행동을 담당하는 전전두엽(의식)과 과거 습관을 담당하는 기저핵 (무의식)이란 게 존재한다.

잠시 운동과 다이어트 습관의 예를 들어서 이야기 하면 새해도 되고 건강을 위해 전전두엽(의식)이 운동 좀 해볼까라는 신호를 보냈다. 그래서 운동을 결심하고 나서 헬스를 다니고 싶어서 문의했더니 헬스장 회원권이 장기일수록 매우 싼 것이다.

곰곰이 생각해보니 어차피 운동할거 1년 이상 장기 가입해서 싸게 다니지, 하고 보통 가입을 한다.

그래서 무심코 1년 회원권을 가입한다.

그리곤 처음에는 열심히 가다 점점 가는 횟수가 줄고 그러다 몇 달을 방치하곤 한다.

참고로 만약 장기회원권 회원들이 매일 헬스장을 온다면 헬스장은 너무 사람이 많아 운동을 할 수 없을 정도일 것이다.

그래서 헬스장은 당신의 나태한 습관 무의식(기저핵)에 거래하는 것이다. 라는 말이 있다.

이제 매장을 운영하는 사장님의 본론으로 돌아가서 새해 새로운 결심을 한다.

새해부터는 매일 일찍 일어나 장을 직접 보기로 결심하고 매장을 방문한 고객들이 계산을 할 때 고객에게 유쾌한 농담을 무조건 한다, 라는 결심을 했을 때 습관을 담당하는 기저핵 입장에서 보면 과거에 수행하던 행위가 아니므로 "갑자기 안 하던 짓을 해! 이상한데 하기 싫다." 라는 신호를 보내고 거부감을 느껴 기존 습관을 유지하려할 것이고 반대로 전전두엽은 "직접 장을 보면 물가 시세도 알 수 있고 신선한 재료를 공급 할 수 있어. 또 손님께 기분 좋은 농담을 하면 고객이 유쾌한 기분이 들 거야." 라며 당신에게 계속 하라는 명령을 내릴 것이다.

이렇게 전전두엽과 기저핵은 충돌하고 당신은 의지와 싸우게 된다.

그리고 의지력이 강하면 쭉 지켜지는 것이고 약하면 무의식적 과거 습관으로 돌아가 다시 늦잠 자고 고객에게 불친절해지는 것이다.

물론 전자가 훨씬 좋다는 것은 다 인정할 것이다.

의지력이 강한 사람은 쉽게 좋은 습관으로 변화가 쉬울 것이다.

그렇다면 잘못된 무의식(기저핵)에 저장 되어있는 안 좋은 습관은 어찌 고칠까?

조금씩 기저핵이 부담 가지 않을 정도로 천천히 변화해 나가는 것이다.

적은 강도로 마치 부상당한 선수가 재활운동을 하듯이 처음에는 1킬로, 2킬로, 3킬로 늘리면서 본인의 몸에 맞추어 나가는 것이다.

그러다보면 자기화 되어지고 자동화 되어 진다.

이제 의식적(전전두엽)으로 지시하는 일들이 자연히 무의식(기저핵)화 되어 만들어지는 것이다.

즉 습관이 만들어 지는 것이다.

자 이제 사장님들은 취침 전에 핸드폰 시계에 알람을 맞추는 것, 매일 아침은 먹는 것, 정산은 매일하는 것, 이런 작은 것부터 시작을 해 보는 거다.

이런 작은 변화가 습관을 바꾸고 매장을 바꾸며 인생을 바꾼다.

마지막 좋은 명언으로 마무리 한다.

인간은 자기가 상상한 모습대로 되고 인간은 자기가 상상한 바로 그 모습이다

- 15세기 파라셀수스

고객과의 눈 높이를 맞춰라

- 마술사의 공연준비와 자영업의 오픈 준비

전화벨이 울린다.

의뢰인 : 안녕하세요 마술사 이경호씨 인가요?

나 : 네 맞습니다.

의뢰인 : 누구누구 소개로 전화를 드립니다. 저희 회사가 이번에 워크샵을 가는데 저녁 프로그램에 마술공연을 볼까 합니다. 가능 하신지요?

나 : 네 가능합니다. 날짜와 시간과 장소를 알 수 있을까요?

의뢰인 : 어디서 몇 시에 진행을 합니다.

나 : 관객 분들 연령대와 성별 분포를 알 수 있을까요?

의뢰인 : 여자분들 비율이 높고 주로 30-40주부입니다.

나 : 특별히 당부하고픈 말씀 있으신가요?

의뢰인 : 공연 중간에 저희 팀장님 인사말 좀 넣어주세요.

나 : 알겠습니다.

일전에 매일 출장 마술 공연 다닐 때를 기억하며 가상으로 꾸며본 마술공연섭외 전화 문의이다. 간략히 꾸며본 이야기라 빠진 부분이 많다.

공연 시간도 물어야 하고 대기실이 있는지도 알아야 하고 음향도 체크해야하고 다양한 부분을 신경 써야한다.

어찌 되었건 이와 같은 정보를 바탕으로 마술사는 공연준비를 한다. 음악을 결정하고 공연 순서를 짜보고 마술 도구를 점검하며 이동시간 준비시간을 체크한다.

도와주시는 분과 함께 가면 동선을 체크해서 마술 도구를 운반하고 언제 무엇을 주며 가져가는지를 상의 한다.

또 대상자가 여성 주부들이면 요즘의 관심사가 무엇인지, 내 마술 중간 중간에 어떤 멘트를 넣을지를 생각하며 멘트지와 큐시트를 작성하기도 한다.

이 모든 것들이 원활하게 이루어지면 성공적인 공연을 했다고 한다. 만약 이중 한 가지라도 제대로 진행되지 않으면 공연장 분위기는 망가진다.

음악이 꺼지고 점검을 하지 않은 마술도구가 작동이 안 되고 관객분석을 잘못해서 젊은 주부 분들인데 스포츠 이야기를 하거나 정치색을 띤 농담을 던지면 별로인 것이다.

이렇듯 마술사의 관점에서 훌륭한 공연 준비는 관객분석을 잘하는 것이 매우 중요하다고 할 수 있다.

우리가 매장을 오픈하는 준비과정도 이와 비슷하다

점포를 계약하고 인테리어를 준비하고 직원과 호흡을 맞추고 음식을 잘 조리하고 준비 한다.

그중 가장 중요한 것 역시 공연의 관객분석처럼 고객 분석을 잘해야 한다.

즉 주 고객의 타킷을 설정해야 한다는 것이다.

거기에 맞는 자리와 음식 인테리어가 함께 가야 한다는 것이다. 아무리 좋은 자리여도 젊은 분들이 많이 없는 상권인데 트렌드한 음식을 메인으로 잡으면 기성세대는 익숙하지 않을 것이다.

또 오픈 준비를 할 때 고객은 고려치 않고 사장 본인이 좋아하는 음식의 맛과 인테리어만 고집하면 안 된다.

누가 올지, 누구를 오게 할지를 명확히 알아야 한다.

마술사 중에서 자기 마술에 취해서 아이들 공연인데 너무 난해하고 어려운 공연을 하는 마술사들도 있다 .

그러면 어린 관객들은 공감하지 못하는 것이다.

관객과의 눈높이, 즉 고객과의 접점을 맞추는 것은 매우 중요하다고 할 수 있다.

내가 꾸민 매장, 내가 연습하고 보여주는 마술이지만 항상 내가 보는 게 아니라 다른 누군가가 나를 우리 매장을 본다는 3인칭 시점을 가지고 있어야 한다.

그것이 프로인 것이다.

생존이냐, 성장이냐

- 당신은 위대하다

요즘 뉴스기사를 보면 자영업이 매우 힘들다 한다.

실제로 최저시급 상승, 물가 상승, 경기의 침체까지 너무 어려운 환경인건 사실이다.

그래서 자영업 창업 후 10군데 중 9군데는 망한다는 뉴스가 자주 보도된다.

폐업률이 90프로에 가까운 것이다.

이런 어려움 속에서도 자영업자들은 계속 창업을 시도하고 있다.

이 세상 모든 자영업자들 중 망하려고 매장을 오픈하는 사장은 없을 것이다.

보통 사장들은 성장하고 발전하기 위해 매장을 차리지만 오픈 후에 매출이 잘 나오지 않으면 위축되게 되고 그러면 운영

방식을 성장보단 버티기 형태로 바꾸기도 한다.

오픈 후에 요식업 대표님들의 운영방식을 자세히 살펴보면 크게 두 가지 형태가 보인다.

운영자의 무의식적으로 크게 두 가지 프로세스로 나눌 수 있는데 다음과 같다.

1. 망하지 않는 생존 중심 유형

2. 성장 중심 목적으로 도전 유형

일반론적인 이야기이지만 일단 적용해 보면 이렇다

창업을 하는데 자기 자본금이 일억 오천만원이 있어서 인테리어 비용과 물품 구입비를 제외하고 보증금 3000에 약 300 정도의 월세를 6개월간 낼 수 있는 정도를 가지고 있다고 하자.

그 중 어떤 사장님은 백만 원 이하의 월세 점포만 찾고 또 다른 사장은 월세 300만 원 이상의 점포만 찾는 사장이 있다.

(점포의 입지와 매출은 비례하며 객관적으로 위 월세에 비례하여 값어치가 있다는 전제이다.)

100 이하만을 찾는 사장은 월세 나누기 30을 해서 하루 내가 얼마나 벌어야 유지가 되는지를 집중적으로 생각하는 안정 유형일 확률이 높다.

또 300 이상의 월세를 찾는 사장은 유동인구의 중요성을 크게 보는 성장 중심 유형일 확률이 높다.

　사람들은 본인 스스로 목표에 대한 자신의 능력이나 기대치를 평가하는데 이런 것을 **자기 효능감** 이라한다.

* 자기 효능감 - 자신의 일을 성공적으로 진행할 수 있고 능력이 있다고 생각하는 기대와 신념. 기본적으로 인간은 위대하기 때문에 보통 사람들은 자신의 능력보다 자기효능감이 낮게 나타난다.

　팔굽혀펴기를 30개 할 수 있다고 말한 사람이 실제 능력은 50개 이상 가능한 경우가 많다.
　그리고 방송에서 최면을 시연하는 장면에서 아담한 여자 분이 자기 최면을 걸어 육중한 역기를 들고 묵직한 남자를 팔에 매달리게 해 버티는 신기한 현상을 본적이 있을 것이다.
　인간은 본인이 가지고 있는 능력(근력 지구력 인내력등)을 평소에는 100% 사용하지 않는다고 한다.
　아기가 무거운 물체 아래 있을 때 엄마들은 괴력을 발휘해 그 물체를 들고 아기를 구했다는 해외토픽을 종종 들어 보았을 것이다.
　자 이제 본론으로 돌아가 장사를 하겠다고 마음 먹었으면 자기 효능감이 대단이 클 것이다. 하지만 막상 오픈하면 모든 것들이 불안하고 걱정되고 매출도 바로 상승하지 않으면 무조건 자기효능감은 떨어진다.

그래서 본능적으로 사업의 과제를 고폐업률 속 생존으로 체계화 한다.

즉 1번 유형의 망하지 않는 생존유형 사장으로 변하게 된다는 것이다.

하지만 그 상태가 지속되면 심리적으로 고착화되어 진다.

손님은 많은데 직원을 잘 채용하지 않는 경우가 있다.

사장은 잘 될 때보다 장사가 잘 안되어서 직원들 월급 못줄 경우를 걱정하고 내가 좀 더 움직이면 되지, 라고 생각을 한다. 이런 매장은 고객이 밀렸을 때 서비스 패턴이 붕괴될 위험과 성장이 탄력받지 못할 가능성이 크다.

또 직원들의 업무량 과다로 퇴사율이 높아진다.

그리고 현 상태에도 손님은 오니 불편하거나 오래된 시설물에 대한 투자를 꺼려한다. 또 자꾸 손익분기에 대한 집착으로 저렴한 원재료를 사용한다.

이 책을 읽는 본인은 1번인가, 2번인가?

대부분 다들 자신은 2번일거라 생각 할 것이다.

하지만 막상 오픈을 해 뚜껑을 열면 치솟는 인건비와 비싼 임대료, 고공행진의 물가 등 환경이 만만치 않다. 이런 환경 속에서 적은 자본금으로 위축되지 않고 초심을 유지하며 성장 중심 유형의 사업가 기질을 유지한다는 건 현재는 애석하지만 매우 어려운 현실이다

그래도 즐기고 생각하고 노력해서 성장하고 변해야 한다.

장사를 한다는 건 동굴로 들어가는 것과 매우 흡사하다
동굴 속을 즐겁게 매일 탐험하며 또 다른 동굴과 동굴 밖 빛을 바라며 움직여야지 어두운 동굴을 오늘도 나는 매일 힘들게 걷고 있다는 마음으로 살면 어두운 동굴에서 나오긴 꽤 오래 걸리고 힘들 것이다.
　인간은 위대하고 능력이 있다.
　버티기만 생각만 한다면 버티기만 될 것이다.
　지금은 버티지만 한 쪽으로 성장을 생각해야 기회가 되었을 때 판단하고 실행하고 발전할 수 있는 것이다.
　이 글을 읽고 있는 본인의 초심을 기억하고 당신은 생각보다 더 큰 그릇이고 꽤 괜찮은 사람이라는 걸 잊지 말자.

참고문헌

심리 조작의 비밀 (오카다 다카시)

심리 서사 분석 (윤지원)

프라이밍 (전우영)

과식의 심리학 (키마 카킬)

주술과 세뇌 (박한진 손인균)

트리거:행동의 방아쇠를 당기는 힘 (마셜 골드스미스, 마크 라이터)

나쁜 남자 지침서 : 상대의 무의식에 사랑을 새겨 넣어라 (양태민)

세뇌의 법칙 (도마베티 히데토)

욕망의 진화 (데이비드 버스)

콜드 리딩 : 긍정적인 거짓말 (이시히 히로유키)

폭스팩터 (앤디 하버마커)

트릭의 심리학 (간바 와타루)

무의식에서 나를 찾다 (최준식)

최면 세일즈 : 세일즈 슈퍼스타들이 감춰온 비밀 (도널드 J. 모인, 케네스 L. 로이드)

음식의 심리학 : 심리학자가 들려주는 음식에 담긴 42가지 비밀 (멜라니 뮐, 다이나 폰 코프)

음식의 심리학 (리언 래퍼포트)

그녀는 몸으로 말한다 (제임스보그)

멘탈리스트, 마음을 해킹하다 (김덕성)

뒤통수의 심리학 : 속이는 자와 속지 않으려는 자의 심리 게임 (마리아

코니코바 지음)

던바의 수 (로빈던바)

소비본능 : 왜 남자는 포르노에 열광하고 여자는 다이어트에 중독되는가 (개드 사드 지음)

왜 양말은 항상 한 짝만 없어질까? (댄 애리얼리 지음 ; 윌리엄 해펠리 그림)

블랙컨슈머 (이승훈)

자아연출의 사회학 (어빙코프먼)

왜 그녀는 다리를 꼬았을까? (토니야 레이맨)

당신은 생각보다 많은 것을 말하고 있다 : 우리가 미처 몰랐던 몸짓과 표정의 행동심리학 (재닌 드라이버 ; 마리스카 반 알스트)

(표정, 말투, 동작만 보고도 상대를 파악하는) 궁극의 독심술 (나이토 요시히토 지음)

심리학을 알면 음식점이 성공한다

지 은 이 이경호
펴 낸 이 김홍열
기   획 김기하
디 자 인 김예나
영   업 윤덕순

초판발행 2019년 9월 20일
초판 2쇄 2019년 12월 29일
펴 낸 곳 율도국
주   소 서울시 도봉구 도봉동 609-32 (3층)
출판등록 2008년 07월 31일
전   화 02) 3297-2027
팩   스 0505-868-6565
홈페이지 http://cafe.naver.com/uldo
메   일 uldokim@hanmail.net
I S B N 979-11-87911-48-7 [13320]

이 책 내용의 일부 또는 전부를 상업적으로 이용하려면
저작권자의 동의를 얻어야 합니다.